如果歷史是一群喵 11

南宋金元篇

肥志 編繪

國家圖書館出版品預行編目 (CIP) 資料

如果歷史是一群喵 . 11, 南宋金元篇 (萌貓漫畫學歷史)/ 肥志編 . 繪 . -- 初版 . -- 新北市 : 野人文化股份有限公司出版 : 遠足文化事業股份有限公司發行 , 2023.01
面 ; 公分 . -- (Graphic times ; 25)
ISBN 978-986-384-821-9(平裝)

1.CST: 中國史 2.CST: 通俗史話 3.CST: 漫畫

610.9 111020154

Graphic Times 25

如果歷史是一群喵 11

南宋金元篇

繪 者 肥志
編 者 肥志

社 長 張瑩瑩
總 編 輯 蔡麗真
副 主 編 徐子涵
責任編輯 余文馨
校 對 魏秋綢
行銷企劃經理 林麗紅
行銷企劃 蔡逸萱、李映柔
設 計 林遠志、林榮輝
繁中版封面設計 周家瑤
繁中版美術設計 洪素貞、許庭瑄

出版 野人文化股份有限公司
發行 遠足文化事業股份有限公司（讀書共和國出版集團）
地址：231 新北市新店區民權路 108-2 號 9 樓
電話：（02）2218-1417 傳真：（02）8667-1065
電子信箱：service@bookrep.com.tw
網址：www.bookrep.com.tw
郵撥帳號：19504465 遠足文化事業股份有限公司
客服專線：0800-221-029
法律顧問 華洋法律事務所 蘇文生律師
印製 凱林彩印股份有限公司
初版首刷 2023 年 01 月
初版 5 刷 2023 年 08 月

如果歷史是一群喵 (11)
線上讀者回函專用 QR CODE，您的寶貴意見，將是我們進步的最大動力。

野人文化官方網頁

序

從西元10世紀開始，華夏大地上就呈現出多民族政權並立的狀態。

它的上半場是北宋、遼朝、西夏、金朝的紛爭，下半場是南宋、金朝、蒙古、西夏的較量，《如果歷史是一群喵》第十一卷將為大家帶來的就是這段歷史的後半部分。

作為宋皇朝在南方的延續，南宋也延續了宋朝在軍事上的弱勢。如果說北宋初年的命題是如何奪回燕雲十六州，那南宋的問題則是怎樣才能不亡國，怎樣才能收復中原。

關於這一點，我們能在很多詩詞裡感受到。

李清照的「生當作人傑，死亦為鬼雄」，是抨擊南宋統治者在江南苟且偷安。岳飛的「待從頭、收拾舊山河」，抒發的是期望收復中原的壯志豪情。此外，楊萬里、辛棄疾、文天祥等也都是南宋著名的愛國詩人、詞人。他們有的在朝為官，有的力戰沙場，只可惜南宋到最後都未能如他們所願。

隨著歷史的發展，北方游牧民族逐漸崛起，且你方唱罷我登場，但無論從契丹到女真，還是從女真到蒙古，最後都擁抱了華夏文明。最終，北方游牧民族與華夏政權統一在了一個新政權之下——這就是元朝。元的出現有著重大的意義，它廣闊的疆域為今天祖國遼闊的版圖奠定了基礎，也讓我們明白中國為何會成為一個多民族的國家。本卷要呈現的正是這樣一個大融合的時代。

為了寫好這段歷史，本書在創作時參考了《宋史》《元史》等史籍和歷史文獻。希望能通過我們的講述，讓更多朋友對其感興趣。但也請記得，歷史始終是人的歷史。如果想要瞭解歷史的全貌，還需要翻閱更多相關的書籍。相信到時您也一定會有更大的收穫。

最後，再次謝謝大家。讓我們下回再見！

目錄

第一百二十六回 盡忠報國 001
第一百二十七回 紹興和議 033
第一百二十八回 海陵奪位 061
第一百二十九回 采石之戰 089
第一百三十回 隆興和議 117
第一百三十一回 乾淳之治 145
第一百三十二回 一代天驕 175
第一百三十三回 蒙古擴張 205
第一百三十四回 蒙古滅金 231
第一百三十五回 端平入洛 257
第一百三十六回 元朝建立 283
第一百三十七回 混一天下 311

正文讀取順序從左往右，
對白、注釋以及編者按讀取順序從右往左。

第一百二十六回 ◉ 盡忠報國

歷經五代變更，

宋最終確立了中原的**主導**地位。

白壽彝《中國通史》：

「顯德七年（960）正月初三，傳聞遼軍南侵，趙匡胤奉命出征……返回開封奪取政權，初五日（960年2月4日）正式建立宋朝……趙匡胤是為宋太祖。」

張豈之《中國歷史．隋唐遼宋金卷》：

「經過宋太祖、太宗兩代的努力，終於結束了五代以來中原江南分裂割據的局面……」

然而，終其一朝，

它都**被強鄰**所**壓制**。

吳泰《宋朝史話》：

「遼、西夏和金朝都是當時中國境內某個少數民族建立的政權，都不斷對宋朝進行侵擾……由於（宋）統治集團的腐敗無能，國力相對孱弱，在對付外患方面軟弱無力。」

最後在金朝的**鐵蹄之下**，

白壽彝《中國通史》：

「宣和七年（金天會三年，1125）三月，金俘遼天祚帝……金太宗於同年十月下詔攻宋。」「（1126）十一月末、閏十一月初，兩路金軍先後到達開封城下……十二月初二日宋欽宗奉上降表，宋靖康二年（1127）……金下令廢宋徽宗、欽宗二帝……」

宋皇朝**被迫南遷**，

李桂芝《遼金簡史》：

「金朝在短短的13年中，俘遼天祚皇帝和北宋徽、欽二帝，滅遼並迫使宋朝南遷，成為當時我國境內幅員最廣、實力最強的政權。」

史稱**南宋**。

蔡美彪《中國通史》：

「金自1115年建國，連續征戰，歷時13年，相繼滅亡遼和北宋。天會五年（1127年）五月，宋徽宗第九子康王趙構在宋群臣擁戴下在應天重建宋政權，史稱南宋。」

而原本的中原地區則**被**金朝**占領**，

軍事科學院《中國軍事通史》：「金從天會三年（1125年）十二月開始攻宋，到天會四年（1126年）十二月攻破都城汴京，占領中原地區。」

可**占領**歸占領，

對中原的統治，
卻讓金有點**頭疼**……

李錫厚、白濱《遼金西夏史》：「女真本無城郭宮室之制。初占中原時，其統治中心仍僻處於東北一隅，金太祖和金太宗的『皇帝寨』，並不是一個可以號令全境的行政中心……對遠離朝廷的中原更是鞭長莫及。」

因為其殘暴的統治，
不僅引起中原喵民的**反抗**，

何忠禮《南宋全史》：
「十二世紀早期，女真族剛剛由氏族部落制社會脫胎而出……他們在征服河東、河北和中原地區的過程中，進行了瘋狂的屠殺和掠奪。」
張博泉《金史簡編》：
「北宋滅亡後，北方人民由於不堪忍受金朝統治者的掠奪、壓迫，紛紛起來反抗。」

中原**炎熱潮濕**的氣候
也讓金喵們很**難受**。

何忠禮《南宋全史》：
「（1126 年）十一月二十四日，宗望率領的東路金軍抵達開封城下……東、西兩路金軍會師後，把開封城四面包圍。」「兩路金軍所以在夏天即將到來之前，沒有繼續南下……女真人世代生活在東北白山黑水一帶的寒冷地區……難於適應這裡潮濕炎熱的氣候。」

於是金朝乾脆收拾東西**回了北方**，

《宋史．卷二十三》：
「（1127 年）夏四月庚申朔，大風吹石折木。金人以帝（宋欽宗）及皇后、皇太子北歸。凡法駕、鹵簿，皇后以下車輅、鹵簿，冠服、禮器、法物……府庫畜積，為之一空。」

然後**扶持**了幾個原來宋的**官員**代替他們**管理**。

李桂芝《遼金簡史》：
「天會五年（1127年），金將宗翰、宗望挾制北宋群臣立張邦昌為帝，建立大楚為金朝藩輔，統治黃河以南地區，北宋滅亡。四月，押解宋二帝、宗室、百官撤出汴京北歸。」

而**南宋**這邊呢？

雖然成立了**新政權**，

蔡美彪《中國通史》：
「北宋亡後，宋朝的河北兵馬大元帥、康王趙構於一一二七年五月在宋南京（商丘）即皇帝位（宋高宗）。重建趙宋王朝，史稱南宋。」

但還是很**糟糕**。

軍事科學院《中國軍事通史》：「南宋是在金兵撤走之後建立起來的一個虛弱的王朝……」

日常被金**追著揍**，

蔡美彪《中國通史》：「南宋小朝廷自重建以來，面對金兵的南侵，從河南逃到江南，從江南逃入大海……」

士兵打敗仗後就跑去**當土匪**。

何忠禮《南宋全史》：「南宋初年的游寇，大都由武裝流民轉化而來……一部分是由被金人擊潰而逃散的士兵轉化而來。」「游寇集團中的首領，多是一伙殺人不眨眼的歹徒，他們每日以攻城掠地、搶劫擄掠為能事，對社會生產和廣大人民的生命財產造成了極為嚴重的摧殘。」

為了抵抗金軍，

中央政府還不斷**壓榨百姓**，

何忠禮《南宋全史》：「南宋建立以後，為了應付大規模的對金戰爭，軍費負擔直線上升，統治者就巧立名目，將這些負擔完全轉嫁到人民群眾特別是農民頭上。」

搞得到處都是**農民起義**。

何忠禮《南宋全史》：「南宋初年，由於金人入侵所帶來的巨大災難，游寇、潰兵和部分南宋軍隊的燒殺擄掠，以及南宋政府沉重的賦役負擔，將以農民為主體的廣大民眾推入到了苦難的深淵，形成各種民變此起彼伏之勢。」

又是外敵又是內患的，

南宋……真的**很難**啊……

何忠禮《南宋全史》：「南宋政權建立之初，各種社會矛盾尖銳複雜，威脅政權生存的有金人、偽齊、游寇和包括農民起義在內的各種民變……在金人的進攻下，可謂屢戰屢敗，不斷遭到挫折。」

在這樣的情況下，
卻有一個喵**扭轉**了**局面**。

南宋

他就是**岳飛喵**！

《宋史．卷三六五》：
「岳飛，字鵬舉，相州湯陰人。」

岳飛

岳飛喵出生在一個**樂善好施**的**農民家庭**裡，

樂善好施
大家來吃吧，別客氣！
是呀！家裡還有！

《宋史．卷三六五》：
「父和，能節食以濟飢者。有耕侵其地，割而與之；貰其財者不責償。」

所以岳飛喵從小**一身正氣**。

王曾瑜《岳飛新傳》：

「岳和家原是擁有幾百畝瘠薄耕地的自耕農……一日只吃早晚兩餐，將強行節餘的粥接濟逃荒乞食者。他純厚和善良的品德自然給岳飛以很深的影響。」

可惜，隨後……他們家也慢慢**窮了起來**。

王曾瑜《岳飛新傳》：

「隨著岳飛和岳翻長大成人，由於各種原因，岳和的家境每況愈下，日益艱難。政和七年（公元 1117 年），相州發生澇災，『夏雨頻並』，收成銳減。」

幸好岳飛喵並**沒有氣餒**，

他讀書非常**勤奮**，

《宋史．卷三六五》：「（岳飛）少負氣節，沉厚寡言，家貧力學，尤好《左氏春秋》、孫吳兵法。」

再加上武學**天賦極高**，

《宋史．卷三六五》：「生有神力，未冠，挽弓三百斤，弩八石，學射于周同，盡其術，能左右射。」

年紀輕輕就成了**縣裡最強**的崽。

白壽彝《中國通史》：「岳飛青少年時先後向周同、陳廣學習射箭、槍技，成為全縣武藝最高強的人……」

但……武藝強……

確實**沒法當飯吃**。

鄧廣銘《岳飛傳》：

「由於家境的貧寒，不論讀書、射箭或使槍，都不能作為岳飛可用以謀生糊口的專門行業……」

再加上金軍的**侵擾**，

王曾瑜《岳飛新傳》：

「發生於公元十二世紀的宋金戰爭，是中國歷史上範圍很廣、持續很久的民族戰爭。在岳飛生前，酷烈的戰禍遍及宋朝除四川、廣南和福建以外的各路，對經濟和文化造成很嚴重的破壞。」

於是乎，

岳飛喵決定**參軍**報國，收復河山！

吳泰《宋朝史話》：

「岳飛的南征北戰不是為了個人的功名。支配他的行動的思想，不僅有對宋朝盡忠的思想，還有強烈的愛國主義精神。他一心想打敗金朝、收復失地，迎回徽、欽二帝，洗雪靖康亡國之恥。」

然而……

他的參軍過程卻有點**坎坷**……

他**第一次**參軍，

《宋史．卷三六五》：

「宣和四年（1122年），真定宣撫劉韐募敢戰士，飛應募。」

白壽彝《中國通史》：

「宣和四年（1122）初，岳飛初次從軍。」

老爸突然就**去世**了……

王曾瑜《岳飛和南宋前期政治與軍事研究》：

「岳飛在宣和四年（公元1122），即二十歲時應募投軍。當年父親岳和病死……」

只能回家給老爹**辦喪事**。

抱歉兒子……突然就死了……
沒事的，爸爸……

王曾瑜《岳飛和南宋前期政治與軍事研究》：
「（岳飛）回湯陰守喪三年……」

第二次參軍，

衝啊！

王曾瑜《岳飛和南宋前期政治與軍事研究》：
「……到宣和六年（公元 1124），又往河東路的平定軍（今山西平定）再次從軍。」

軍隊卻打了**敗仗**，

開火！
啊?!

王曾瑜《岳飛新傳》：
「宣和七年（1125 年）十一月和十二月，金軍分兩路南下……進圍太原府。」
王曾瑜《岳飛和南宋前期政治與軍事研究》：
「當年（公元 1126）宋廷集結重兵，兩次救援太原……由於太原失守，軍事形勢急轉直下，金軍於當年九、十月間攻占了平定軍。」

解散了……

龔延明《岳飛小傳》：
「在北宋名將王稟指揮下，太原保衛戰堅守了二百五十多天……岳飛參加了平定軍守城的苦鬥。寡不敵眾，平定軍失守。屯駐禁軍潰散，岳飛復回故鄉。」

第三次參軍，

白壽彝《中國通史》：
「靖康元年（1126）冬，（岳飛）又到相州應募從軍為劉浩部屬。」
王曾瑜《岳飛新傳》：
「在相州城裡，武翼大夫劉浩負責招募義士，收編潰兵。靖康元年（1126年）冬天，岳飛前往投奔劉浩……第三次從軍……」

則是**違反**了**軍規**，

白壽彝《中國通史》：
「次年（1127）五月，趙構即位於南京應天府。此後不久，作為小軍官的岳飛，奏請宋高宗回都城開封領導抗金戰爭……」
王曾瑜《岳飛新傳》：
「趙宋的家規是以文制武，有意貶低和壓抑武人……連武將參與軍政大計，也被視為越軌行為。」

被**開除**了。

《宋史．卷三六五》：

「（1127年）康王即位，飛上書數千言，大略謂：『陛下已登大寶，社稷有主，已足伐敵之謀……臣願陛下乘敵穴未固，親率六軍北渡，則將士作氣，中原可復。』書聞，以越職奪官歸。」

第四次倒是發展得挺好，

白壽彝《中國通史》：

「建炎元年（1127）六月，張所任河北招撫使……岳飛投張所部下從軍。」「建炎二年（1128）六月，宗澤病死，杜充繼任東京留守，岳飛成為杜充的部屬……建炎三年（1129），以功屢升『授真刺史』，成為中級武官。」

呃……不過，上司卻**投降**了敵軍。

《宋史．卷四七五》：

「（1129年）高宗將幸浙西，命韓世忠屯太平，王瓔屯常州。以充（杜充）為江、淮宣撫使，留建康，使盡護諸將。」「（1129年）充居真州長蘆寺……完顏宗弼復遣人說充曰：『若降，當封以中原，如張邦昌故事。』充遂叛降金。」

這也太**倒楣**了……

《宋史．卷三六五》：

「（1129年）時命充守建康，金人與成合寇烏江，充閉門不出。飛泣諫請視師，充竟不出。金人遂由馬家渡渡江，充遣飛等迎戰，王瓔先遁，諸將皆潰……」

王曾瑜《岳飛新傳》：

「（1129年）岳飛在十一月二十日馬家渡之戰失敗後，率右軍在鍾山駐紮才一兩天，他決心擺脫尚在建康城中的杜充，於二十二日率部南下……」

但他還是**沒有放棄**，

帶著自己的手下**繼續抗金**。

蔡美彪《中國通史》：

「一一二九年建康失陷，杜充叛變降金。岳飛集合餘部繼續抵抗……二十七歲的青年將官岳飛，在戰場上轉戰四年，始終堅持抗敵。」

在岳飛喵的帶領下，
軍隊**紀律嚴明**。

《宋史．卷三六五》：
「（1129年）會充已降金，諸將多行剽掠，惟飛軍秋毫無所犯……駐軍鐘村，軍無見糧，將士忍飢，不敢擾民。」

士兵訓練也非常**刻苦**，

《宋史．卷三六五》：
「師每休舍，（岳飛）課將士注坡跳壕，皆重鎧習之。子云嘗習注坡，馬躓，怒而鞭之。」

岳飛喵更是跟大家**一起吃苦**。

《金陀續編．卷二十八》：
「（1129年）諸將潰為群盜，縱兵大略。飛獨頓兵廣德境中，資糧於官，身與下卒同食，而持軍嚴甚，民間無秋毫之擾。」

這樣的軍隊自然是**戰無不克**的，

《宋史．卷三六五》：

「（建炎）四年（1130年），兀朮攻常州，宜興令迎飛移屯焉。盜郭吉聞飛來，遁入湖，飛遣王貴、傅慶追破之，又遣辯士馬皋、林聚盡降其眾。」「金人再攻常州，飛四戰皆捷；尾襲於鎮江東，又捷；戰於清水亭，又大捷，橫屍十五里。」

於是他們慢慢有了一個閃亮的**名號**，

就是「**岳家軍**」。

軍事科學院《中國軍事通史》：
「由於岳飛治軍嚴明，軍隊英勇善戰，特別是在當時軍風軍紀普遍敗壞的情況下，他提出『凍殺不拆屋，餓殺不虜（擄）掠』的口號，深得民心，人民親切地稱岳飛的軍隊為『岳家軍』。」

強悍的岳家軍
很快就**受到**了南宋朝廷的**重視**，

王曾瑜《岳飛和南宋前期政治與軍事研究》：
「自紹興元年（公元 1131）到七年……岳飛一時成了皇帝最器重的武將。」

從此成為了**正規部隊**。

岳

白壽彝《中國通史》：
「紹興元年（1131），李成在岳飛等軍追擊下歸附偽齊。張用也在岳飛招降後，向張俊投降。此次平寇，岳飛戰功第一；七月，岳飛改任神武右副軍統制，所部也由雜牌軍成為南宋朝廷直系軍的一部分……」

岳飛喵也火速得到了**提拔**，

權荊湖東路安撫使
權知潭州
江南西路沿江制置使
神武右軍副統制
鎮南軍承宣使
權荊湖東路馬步軍總管

《宋史．卷三六五》：
「（1131年）江、淮平，俊奏飛功第一，加神武右軍副統制，留洪州，彈壓盜賊，授親衛大夫、建州觀察使……升神武副軍都統制。」「初，飛在諸將中年最少，以列校拔起，累立顯功……」

並且被**委派**去**擊退**敵軍。

反擊

《宋史．卷三六五》：
「（1133年）偽齊遣李成挾金人入侵，破襄陽、唐、鄧、隨、郢諸州及信陽軍……」
李桂芝《遼金簡史》：
「十二年（1134年），宋以岳飛為江南西路舒蘄州制置使兼黃復州漢陽軍德安府制置使，付以收復襄陽府和唐、鄧、隨、郢、信陽軍等六郡的重任。」

當時的敵軍其實就是
金朝扶持起來的**傀儡政權**。

蔡美彪《中國通史》：
「一一三〇年九月，金朝立劉豫為齊國（偽齊）皇帝……兩年後，又遷到宋東京開封，稱汴京。」「金朝把北宋統治下的中原和陝西地區交給兒皇帝劉豫去統治。劉豫的齊國只是金朝的一個屬邦。」

他們聽從金朝的命令，
開始南下**進攻南宋**。

朱紹侯《中國古代史》：
「紹興三年（1133年）偽齊在金朝的支持下攻占襄陽府，並取得了京西路的大部分州縣，從而嚴重威脅到了南宋長江中下游地區的安全。」

但其實傀儡政權並**不被**喵民們所**支持**，

白壽彝《中國通史》：
「金朝在偽齊境內駐兵、干涉政治、索要巨額歲幣，偽齊在境內又不得民心……」

作為一個政權，
不僅對敵國**點頭哈腰**，

軍事科學院《中國軍事通史》：「身為齊國皇帝的劉豫，十分清楚自己的處境，如『臨深履薄』。因此，他唯金朝之命是從，甘當兒皇帝。」《續資治通鑑．卷一一〇》：「豫（劉豫）在開封，凡軍國事以至賞刑鬥訟，毋巨細申（金）元帥府取決。沿河、沿淮及陝西、山東等路，皆駐北軍。」

還**壓榨**百姓，

《續資治通鑑．卷一一〇》：「……由是賦斂甚重，刑法太峻，民不聊生。」

戰鬥力實在**不怎麼樣**。

軍事科學院《中國軍事通史》：「齊國建立之後，陸續有南宋治下的游寇、叛軍投降劉豫，使齊國的武裝力量有所加強。但是，僅靠齊國自身的武裝力量還不能與南宋抗衡……」

而他們面對的則是**訓練有素**的岳家軍，

鄧廣銘《岳飛傳》：
「在南宋王朝的正規軍當中，唯有岳家軍的戰鬥力最為強大。」「岳家軍的戰鬥實踐，證實了它的戰鬥力之特別強大。至於其所以特別強大的原因所在，固與岳飛平素的操練和教閱分不開。」

再加上**戰鬥力爆表**的岳飛喵，

《金陀粹編．卷九》：
「（岳飛）自結髮從軍，大約經百戰，未嘗敗北。」
《金陀續編．卷十四》：
「（岳飛）臨戰親冒矢石，為士卒先，摧精擊銳，不勝不止，則不知有其身。」

幾仗下來就被收拾得**明明白白**。

《宋史．卷三六五》：

「（紹興）四年（1134年），（岳飛）除兼荊南、鄂岳州制置使……偽將京超號『萬人敵』，乘城拒飛。飛鼓眾而登，超投崖死，復郢州，遣張憲、徐慶復隨州……復襄陽。」「（岳飛）進兵鄧州，成與金將劉合孛堇列砦（寨）拒飛。飛遣王貴、張憲掩擊，賊眾大潰，劉合孛堇僅以身免……又復唐州、信陽軍。」

這就是歷史上的「**襄漢之戰**」。

虞云國《細說宋朝》：

「次年（1134年）五月，南宋命岳飛出師襄漢……岳飛出兵不到三個月，次第克復襄漢六郡。」

軍事科學院《中國軍事通史》：

「襄漢之戰後，岳飛沒有繼續揮師北上，而是留軍把守襄陽六郡……儘管如此，收復襄漢六郡意義是重大的。」

襄漢之戰的勝利使岳飛喵**名聲大振**，

蔡美彪《中國通史》：

「這年（1134年）七月，岳飛便完全按照預定的計畫，勝利地收復了襄陽等六郡，屯兵鄂州。」

「捷報傳來，整個臨安轟動了。高宗慨歎說：『不知他（岳飛）能破敵立功到如此地步！』」

在後續的戰爭中更是**連連獲勝**。

《宋史．卷二十八》：

「（1135年）岳飛急攻湖賊水砦（寨）……湖賊黃誠斬楊太首，挾鍾子儀、周倫詣都督府降，湖湘悉平……」「（1136年）岳飛遣統制牛皋破偽齊鎮汝軍，禽其守薛亨……岳飛及偽齊李成、孔彥舟連戰至蔡州，克之，偽守劉永壽舉城降。」

這些勝利無疑**鞏固**了南宋的**統治**，

陳振《宋史》：

「（1134年）岳飛因按計劃收復襄陽地區而被授清遠軍節度使……將南宋中部防線由漢水下游，向北推至淮水（今淮河）一線，對南宋政權的穩定起到了很大的作用。」

也是南宋建國八年來，

第一次收復大片失地，

王曾瑜《岳飛新傳》：

「在襄漢之戰中，岳家軍遭逢的對手是金、齊聯軍……此次戰役是南宋頭一次收復了大片失地……又是南宋立國八年以來，進行局部反攻的一次大勝利。」

為之後的北伐**奠定**了很好的**基礎**。

王曾瑜《岳飛和南宋前期政治與軍事研究》：
「（公元1134）岳飛的軍事任務結束後，就移屯鄂州，自此之後，鄂州便成岳家軍的大本營……襄漢地區終於成為岳飛後三次北伐的前沿陣地。」

那麼，這樣一個積極的局面
又**能否維持**下去呢？

（且聽下回分解。）

編者按

自西元960年宋朝建立以來，宋政權就奉行重文輕武的策略。這種制度導致宋朝難以出現良將，軍隊的戰鬥力也遠遜於金朝。

南宋的建立延續了宋政權的生命。雖然統治者依舊猜忌武將，但鑑於北宋的慘烈教訓，新政權又不得不提高武將的地位，岳飛等武人也因此獲得了扭轉自己命運的轉機。以岳飛為例，他出色的戰績讓他在作戰時不用再完全按宋朝的舊制行動，即不需要事事聽從中央的指揮。這種「放權」讓武將們在指揮軍隊時多少獲得了更多的自主性，對於解放良將的戰鬥力有積極作用。而岳飛不僅嚴於律己，還嚴於治軍，僅從「凍死不拆屋，餓死不虜（擄）掠」的軍紀中，就能看出岳家軍與其他宋軍有多大的不同。

岳飛——饅頭（飾）

參考來源：《宋史》、《金陀粹編》、《金陀續編》、《續資治通鑑》、李桂芝《遼金簡史》、李錫厚和白濱《遼金西夏史》、鄧廣銘《岳飛傳》、吳泰《宋朝史話》、白壽彝《中國通史》、蔡美彪《中國通史》、虞云國《細說宋朝》、何忠禮《南宋全史》、張博泉《金史簡編》、龔延明《岳飛小傳》、朱紹侯《中國古代史》、陳振《宋史》、軍事科學院《中國軍事通史》、張豈之《中國歷史 · 隋唐遼宋金卷》、王曾瑜《岳飛新傳》及《岳飛和南宋前期政治與軍事研究》

附錄

【官方肯定】

為了表彰岳飛的功績，
南宋皇帝不僅給岳飛升了官，
還賜給他一面寫有
「精忠岳飛」的戰旗。

【教學有方】

岳飛不僅自己擅長射箭，
還親自指導手下的士兵。
因此岳家軍個個都是箭術高手，
經常靠射箭打敗敵人。

【守護神】

岳飛曾經消滅了很多強盜土匪，
以保衛百姓的安寧。
百姓因此都很感激他，
還把他的畫像供起來。

百群喵檔案

饅頭小劇場

《熱心的饅頭 1》

《熱心的饅頭 2》

饅頭

天蠍座

生日：10 月 31 日

身高：168 公分

喜歡的樂器：哨吶

討厭的食物：苦瓜

（饅頭擬人介紹）

饅頭的廚房

Mantou's kitchen

第一百二十七回◉紹興和議

在金朝的進攻下，
原來的宋皇朝**被消滅**。

何忠禮《南宋全史》：
「宋欽宗靖康元年（1126）閏十一月，金軍攻陷北宋京城開封。次年三月，俘徽、欽二帝北去，北宋滅亡。」

殘存下來的勢力逃到南方，
成立了**南宋**。

張博泉《金史簡編》：
「北宋滅亡後，金兵撤退……宋朝的河北兵馬大元帥、康王趙構於天會五年（1127年）五月，在歸德即位，改元建炎，是為高宗，史稱南宋……棄中原，逃到揚州。」

然而，金朝卻並沒有收手的意思，

一直窮追猛打。

《金史．卷三》：

「（1127年）五月庚寅朔，宋康王構即位於歸德。」「（1127年）十二月丙寅，（金朝）右副元帥宗輔伐宋，徇地淄、青。烏林荅泰欲敗宋將李成於淄州。趙州降。」

好在一個**喵**的出現**化解**了南宋的**危機**，

他就是大將軍**岳飛喵**。

《續資治通鑑．卷九十七》：

「湯陰人岳飛，少負氣節，家貧力學，尤好《左氏春秋》，孫、吳兵法，力能挽弓三百斤，弩八石。」

鄧廣銘《岳飛傳》：

「岳飛的抗金鬥爭的實踐……對於南宋王朝之能夠持續存在來說，卻是起了決定性作用的。」

岳飛喵不僅讓南宋政權**站穩了腳**，

朱紹侯《中國古代史》：
「自建炎元年（1127年）到紹興五年（1135年），在南宋境內規模較大的游寇集團有近二十個……不利於南宋政權的穩固和對金人的戰爭……」
「南宋政府在對游寇採取招安政策的同時，調集韓世忠、張俊、岳飛等主力部隊，全力加以鎮壓……使南宋政權獲得了進一步的鞏固。」

還擊**退**了金軍的**進攻**，

朱紹侯《中國古代史》：
「岳飛領導的抗金鬥爭，沉重地打擊了南侵的金軍，為保衛南方人民的和平生活，免遭女真貴族的奴役和蹂躪做出了重大貢獻……」

甚至老想著……**打回去**。

《宋史．卷三六五》：
「（1137年）飛（岳飛）數見帝（高宗），論恢復之略。又手疏言：『……臣欲陛下假臣月日，便則提兵趨京、洛，據河陽、陝府、潼關……金人可滅，社稷長久之計，實在此舉。』」

簡直是宋朝復興的**希望呀**，有沒有？

吳泰《宋朝史話》：「（岳飛）成了南宋大將中最年輕有為的一員。他所率的『岳家軍』因紀律嚴明，戰功顯赫，深受人民愛戴，成了南宋抗金鬥爭的一個中流砥柱。」

可惜**沒啥用**……

《宋史新編．卷一二九》：「岳飛本以勇敢進，而旁通儒業，恂恂檢飭，以忠義自誓，觀其所撰表詞，真有諸葛孔明之風，奚數郤、呂輩耶？當時盜平，而敵屢挫……雪國恥，復故都，固可刻日待。願既弗償……」

因為岳飛喵身後有兩個**絆腳石**，

這就是宋高宗**趙構喵**和宰相**秦檜**（ㄎㄨㄞˋ）**喵**。

吳泰《宋朝史話》：
「岳飛的雄心壯志不是遭到宋高宗的冷淡對待，就是遭到阻撓。」
《宋史．卷三八〇》：
「秦檜力主和議，大將岳飛有戰功，金人所深忌。檜惡其異己，欲除之……」

趙構喵其實是原來宋皇帝的**弟弟**，

《宋史．卷二十三》：
「欽宗恭文順德仁孝皇帝，諱桓，徽宗皇帝長子……」
《宋史．卷二十四》：
「高宗受命中興全功至德聖神武文昭仁憲孝皇帝，諱構，字德基，徽宗第九子……」

當時金朝**打**了**過來**，

《金史．卷三》：
「（1125年）十月甲辰，（金太宗）詔諸將伐宋。以諳班勃極烈杲兼領都元帥，移賚勃極烈宗翰兼左副元帥先鋒……」

順手就把皇帝們都給**抓走了**。

《金史．卷三》：
「（1126年）十二月癸亥，宋主桓（宋欽宗）降，是日，歸於汴城。」
「（1127年）二月丙寅，（金太宗）詔降宋二帝（宋徽宗、宋欽宗）為庶人……四月乙酉，克陝府，取虢州……宗翰、宗望以宋二帝歸。」

而趙構喵呢，則剛好在**外頭**。

蔡美彪《中國通史》：
「在東京的宋朝皇室全被擄走，只有康王趙構這時領兵在濟州，還有兵士八萬人。金軍先頭部隊到達東京時，欽宗曾任命趙構為河北兵馬大元帥，知磁州宗澤為副帥，起兵勤王。」

於是乎他便**舉起**了復國的**旗號**，

成立了南宋，

蔡美彪《中國通史》：
「（1127年）五月，趙構到南京……重建起趙宋王朝（南宋），改年號為建炎。」

一下子**皇弟**成功變成了**皇帝**。

《宋史．卷二十四》：
「（1127年）五月庚寅朔，帝（趙構）登壇受命，禮畢慟哭，遙謝二帝，即位於府治。改元建炎。」

不過即便做了皇帝，
趙構喵還是一直**被**金軍**追著砍**，

虞云國《細說宋朝》：
「宋金戰爭初期，金朝有一個明確的戰略，那就是追擊立足未穩的高宗小朝廷，俘獲高宗……」
白壽彝《中國通史》：
「建炎元年（1127）六月，李綱入朝上『十議』……十月，高宗退至揚州。金兵得知高宗南逃，於是更加肆無忌憚，連年揮兵南下侵擾中原……」

每天**東躲西藏**，

白壽彝《中國通史》：
「從此，高宗開始了十幾年輾轉流徙，東躲西藏的動盪歲月……逃避的線路是：建炎元年（1127）『十月，幸揚州。三年（1129）二月，渡江幸杭州。四月，進幸江寧。八月，復幸臨安……』」

後來……自己的**崽**還「**掛了**」。

《宋史．卷二四六》：

「元懿太子諱旉，高宗子也，母潘賢妃。建炎元年（1127年）六月，生於南京。」

《宋史．卷二十五》：

「（1129年）秋七月戊寅，（趙構）贈王復為資政殿學士……皇太子旉，謚元懿。」

這簡直搞得他心力交瘁，

心裡只想著**求和**。

白壽彝《中國通史》：

「宋高宗不相信軍民抗戰的力量，只顧倉皇逃跑，又不斷派出使臣，向金朝求和。」

而趙構喵這樣的訴求，

剛好**對上了**宰相秦檜喵的**胃口**。

白壽彝《中國通史》：

「要控制將帥，投降偷安，就得信用一些趣味相投的奸佞之臣……（秦檜）勸高宗向金兵求和，正合高宗心意……不久，他就把秦檜提拔為宰相……」

秦檜喵年輕時**是個老師**，

《宋人軼事彙編．卷十五》：
「秦檜微時，善作鄙事……曾為童子師，仰束脩自給……」

很窮的那種……

何忠禮《南宋全史》：
「秦檜早年家境比較貧寒，曾作過塾師，『仰束脩自給』……」

幸虧後來經過考試，
成功當上了宋朝**官員**。

《宋史．卷四七三》：
「秦檜，字會之，江寧人。登政和五年（1115年）第，補密州教授。繼中詞學兼茂科，歷太學學正。」

可惜好景不長，
宋朝卻**被**金朝**攻破**了。

《宋史．卷四七三》：
「（1126年）閏十一月，汴京失守，二帝（宋徽宗、宋欽宗）幸金營。二年（1127年）二月，莫儔、吳幵自金營來，傳金帥命推立異姓。」

秦檜喵也跟著皇帝一併**被綁**了**過去**，

《宋史．卷四七三》：
「（1127年）三月，金人立邦昌為偽楚。邦昌遺金書請還孫傅、張叔夜及檜，不許。初，二帝北遷，檜與傅、叔夜、何㮚，司馬朴從至燕山，又徙韓州。」

不過秦檜喵這**狗腿**的**能力**實在是很強。

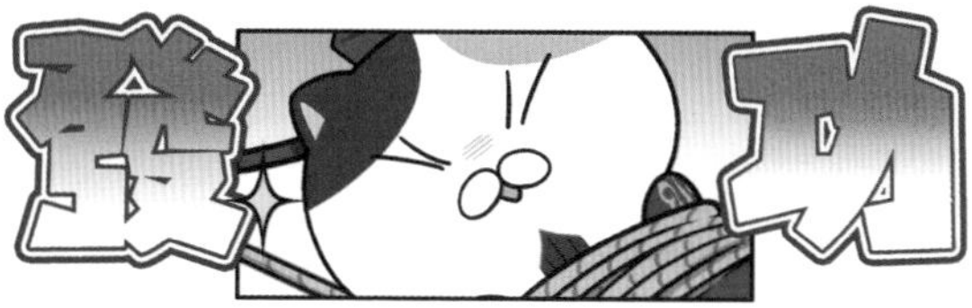

吳泰《宋朝史話》：
「在靖康之禍發生時，他（秦檜）正在朝中為官，曾經發表了激烈的抗戰言論，反對金兵立張邦昌為皇帝，被金兵拘押北去。但是，他一到金朝就原形畢露，很快就賣身投靠女真貴族。」

經過一番努力，
他竟然**得到**了金朝的**信任**，

《宋史．卷四七三》：
「（1127年）上皇（宋徽宗）聞康王即位，作書貽粘罕，與約和議，俾檜潤色之。檜以厚賂達粘罕。會金主吳乞買以檜賜其弟撻懶為任用……」

還想辦法**回到了南宋**這邊。

吳泰《宋朝史話》：
「建炎四年（公元一一三〇年）十月，他（秦檜）帶著其妻王氏，從漣水軍（今江蘇漣水）航海到越州（今浙江紹興），來到南宋朝廷，聲稱自己是殺掉金朝的監視人員，奪舟而來的。」

可以說……很**厲害**了……

*win：贏了。

從此，

秦檜喵便在南宋政府開始了他「**攪屎棍**」*的生涯。

白壽彝《中國通史》：

「（1130）秦檜回到朝內，很快獲得高宗的信任，這主要是由於他的政治主張與高宗不謀而合。從此，他們君臣二人狼狽為奸……」

*攪屎棍：指喜歡搬弄是非的人。

秦檜喵主張在對金朝的問題上應該

「**南自南，北自北**」，

虞云國《細說宋朝》：

「秦檜初見高宗，就提出『如欲天下無事，須是南自南，北自北』，主張南北議和。」「秦檜迫不及待地向高宗兜售了自己『聳動天下』的方策，核心就是『南人歸南，北人歸北』，這是秦檜初見高宗時提出的『南自南，北自北』方針的具體化，完全是一脈相承的。」

意思就是把北邊**讓給**金朝，
南宋就在南邊待著。

北
金
方
南
南宋

白壽彝《中國通史》：
「秦檜拋出的『二策』，就是『南人歸南，北人歸北』……南宋不但要放棄北方領土，而且大批由於不願降金而南下的北方士民，都要回去接受金朝或者『偽齊』劉豫的統治。」

這個意見……怎麼說呢？
實在是很**合**趙構喵的**心意**。

啊?!
我覺得……還行……

《宋史．卷四七三》：
「檜首言『如欲天下無事，南自南，北自北』，及首奏所草與撻懶求和書。帝曰：『檜樸忠過人，朕得之喜而不寐。蓋聞二帝、母后消息，又得一佳士也。』」

畢竟被金軍**嚇破膽**的他，
真的只想安靜地做個小皇帝而已。

懂懂懂！老臣懂！
我……

何忠禮《南宋全史》：
「他（趙構）依靠南宋軍民的英勇抗戰，並通過縱橫捭闔的手段鞏固了自己的統治……高宗缺乏大志，更無治國遠見，只以苟安為其終極目的。」

不過……

有個喵卻並**不理解**他們的想法，

這就是咱們的**岳飛喵**。

吳泰《宋朝史話》：「當紹興八年（公元一一三八年）宋高宗起用秦檜為相，授予秦檜同金朝議和的專決大權時，岳飛即表現出激烈反對投降的態度。」

一身正氣的他，

一心只想「衝」了金朝**奪回國土**。

鄧廣銘《岳飛傳》：「自從進入十二世紀的三十年代以來，即自從岳飛被拔擢為一個軍區的負責人之日開始，他就堅定不移地奉行著抗擊女真（金朝）鐵騎、收復失地、報仇雪恥的政策。」

這就很**難辦**啦……

啊這！
這……這！
啊這！
這！
啊這！
啊！

剛開始時，

趙構喵還**讓著**岳飛喵去打，

一路小心哦！
陛下放心，看我削了他們！

王曾瑜《岳飛新傳》：「（1129年）完顏兀朮（宗弼）渡江占領建康府後，急於活捉宋高宗，滅亡宋朝……」「宋高宗君臣將建康府的金軍視為懸在自己頭頂上的利劍，他們為此調動了可以調動的全部兵力……勇敢承擔克復建康重任的，唯有岳家軍。」

岳飛喵**如有神助**。

走你！
啊！
金

《宋史．卷三六五》：「（1130年）兀朮趨建康，飛設伏牛頭山待之。夜，令百人黑衣混金營中擾之，金兵驚，自相攻擊。兀朮次龍灣，飛以騎三百、步兵二千馳至新城，大破之。兀朮奔淮西，遂復建康。」

接著趙構喵又給定了些**限制**，

朱紹侯《中國古代史》：

「紹興三年（1133年）偽齊在金朝的支持下攻占襄陽府……次年夏秋之間，宋廷命駐紮在鄂州的岳飛軍隊收復襄陽等州縣，同時規定：如果敵人逃出京西地區，就不許遠追，甚至不能『稱提兵北伐』……」

《宋史．卷三六五》：

「（紹興）四年（1134年），（岳飛）除兼荊南、鄂岳州制置使……（岳飛）飛趣襄陽，李成迎戰……步卒死者無數，成夜遁，復襄陽。」「（岳飛）進兵鄧州，成與金將劉合孛堇列砦（寨）拒飛。飛遣王貴、張憲掩擊，賊眾大潰，劉合孛堇僅以身免。」

岳飛喵還是**越戰越勇**，

到第四次打金朝時，

更是**打到**金朝**跟前**去了。

白壽彝《中國通史》：

「當紹興十年（1140）五月金軍圍攻順昌時……宋高宗隨即派李若虛前往岳飛軍前……傳達高宗要岳飛退兵的旨意，此時岳飛已作好進軍中原的部署，因而不同意退兵……」「岳飛軍於閏六月中下旬攻占潁昌（今許昌）、陳州、鄭州、中牟等地，距金軍指揮中心開封只有六十多里。」

趙構喵**愁**啊……

王曾瑜《岳飛新傳》：

「宋廷命李若虛制止岳飛出師未成……岳飛卻繼續提兵北上，長驅中原，使宋高宗和秦檜惶惶不可終日。」

這打贏了**功高蓋主**，

王曾瑜《岳飛新傳》：

「宋高宗對戰爭前途心存兩怕，一怕全勝，二怕大敗。如果全勝，則武將兵多、功高而權重，會威脅皇權。儘管岳飛再三真心誠意地表示，北伐成功後要解甲退隱，宋高宗總是疑神疑鬼。」

打輸了等下金朝**打上門怎麼辦**……

王曾瑜《岳飛新傳》：

「倘若大敗，則宋高宗有可能成為階下之囚，欲為臨安布衣而不可得。」

於是狂發十二道命令，

制止岳飛喵**進攻**。

蔡美彪《中國通史》：

「（1140年）岳飛自郾城進軍朱仙鎮，距東京開封只有四十五里了。岳飛全軍將士急切地等待著渡河進軍的命令。高宗、秦檜卻在勝利面前，再一次停戰求和。」「高宗、秦檜一天之內，連下十二道金牌（朱漆木牌上寫金字，有緊急軍機，由皇帝直接發出），迫令岳飛退兵。」

可憐岳飛的復國**願望**

終究**無法**在這場政治漩渦中得以**實現**……

蔡美彪《中國通史》：

「岳飛的悲劇在於：他既要反對高宗的妥協苟安，堅持抗金，又要效忠於高宗的南宋王朝，陷到了無法解決的矛盾之中，終不免於遭受迫害而失敗。」

岳家軍十年**奮鬥廢於一旦**。

《宋史．卷三六五》：

「一日奉十二金字牌，飛憤惋泣下，東向再拜曰：『十年之力，廢於一旦。』飛班師……」

憑藉著岳飛喵的戰果，
宋金之間**簽訂和議**，

虞云國《細說宋朝》：
「岳飛是宗弼碰到的真正敵手，（1140年）郾城大捷以後，金軍哀歎『撼山易，撼岳家軍難』，宗弼（兀朮）開始採取和戰並用的策略。」
《宋史．卷二十九》：
「（1141年）與金國和議成，立盟書，約以淮水中流畫疆，割唐、鄧二州界之，歲奉銀二十五萬兩、絹二十五萬匹，休兵息民，各守境土。」

史稱**紹興和議**。

陳振《宋史》：
「紹興十一年（1141年）十一月宋金訂立的和議，史稱『紹興和議』，以淮河為界，將唐（今河南唐河）、鄧（今河南鄧州）二州割屬金。」

而在宰相秦檜喵的操弄之下，
岳飛喵更是**慘遭誣陷**。

《宋史．卷四七三》：
「（1141年）十月，興岳飛之獄。檜使諫官萬俟卨論其罪，張俊又誣飛舊將張憲謀反，於是飛及子雲俱送大理寺……」

最終在捏造的罪名之下，

岳飛喵**被處死**。

《宋史．卷四七三》：

「（1142年）檜以飛屢言和議失計，且嘗奏請定國本，俱與檜大異，必欲殺之……誣飛嘗自言『己與太祖皆三十歲建節』為指斥乘輿，受詔不救淮西罪，賜死獄中。」

岳飛喵的死是金朝的**大幸**，

《宋史．卷三六五》：

「（1142年）時洪皓在金國中，蠟書馳奏，以為金人所畏服者惟飛，至以父呼之，諸酋聞其死，酌酒相賀。」

對南宋來說則是**大不幸**。

《宋史．卷三六五》：

「西漢而下，若韓、彭、絳、灌之為將，代不乏人，求其文武全器、仁智並施如宋岳飛者，一代豈多見哉……使飛得志，則金仇可復，宋恥可雪……」

南宋以他的死換來了**片刻**的**安寧**，

吳泰《宋朝史話》：

「『紹興和議』的簽訂，是南宋以宋高宗為首的統治集團為維持自己的腐朽統治，對女真貴族的可恥投降。通過這個和議，南宋獲得了金朝對其偏安一隅的承認。」

但卻永遠**失去**了收復河山的**可能**……

虞云國《細說宋朝》：

「在抗金戰爭中，岳飛的戰功與威名遠在其他諸將之上。他也是南渡諸大將中唯一的進攻型將帥，由他統率大軍北伐，本來是最有希望恢復中原的。岳飛一死，恢復就只能成為一種難以兌現的夢想。」

自此，宋金**南北對峙**的局面確立。

虞云國《細說宋朝》：

「從當時宋朝立場來看，稱臣、割地、納幣，紹興和議無疑是一個屈辱的條約……紹興和議是對宋金南北對峙格局的正式確認。」

而在這場多年的抗爭過後，
金國內部也開始**出現**了**問題**，

軍事科學院《中國軍事通史》：
「天會十三年（1135年）正月，金太宗病死，完顏亶即位，是為金熙宗。金熙宗即位後，重新調整對宋策略，改滅宋為議和。」「自從金熙宗與南宋議和之後，八九年間金宋未有戰事。隨著外部的穩定，金廷內部矛盾加劇……」

是什麼呢？

（且聽下回分解。）

編者按

西元1141年11月，南宋和金朝簽訂「紹興和議」，南宋每年向金進貢銀25萬兩、絹25萬匹，以此結束了兩國間14年的戰爭。一個月後，南宋大將岳飛被以「莫須有」的罪名賜死在獄中。死前，岳飛在供狀上只寫了八個大字：「天日昭昭！天日昭昭！」

在南宋初年諸將中，年紀最小的岳飛一度是宋高宗最賞識的將領。他曾許諾讓岳飛擴軍北伐，卻又因擔心岳飛軍權太大而反悔，加上只求苟安，打從一開始就跟岳飛不是一路的。所以，當他們在對金政策、軍權、立儲君等事情上發生分歧時，高宗首先懷疑的是岳飛對自己的忠誠。他默許了秦檜對岳飛的迫害，直到他的繼任者才替岳飛平反，可南宋卻已喪失了收復河山的機會。

秦檜——花卷（飾）　岳飛——饅頭（飾）　趙構——豆花（飾）

參考來源：《宋史》、《宋史新編》、《宋人軼事彙編》、《金史》、《續資治通鑑》、鄧廣銘《岳飛傳》、吳泰《宋朝史話》、虞云國《細說宋朝》、何忠禮《南宋全史》、白壽彝《中國通史》、蔡美彪《中國通史》、王曾瑜《岳飛新傳》、朱紹侯《中國古代史》、軍事科學院《中國軍事通史》、張博泉《金史簡編》、陳振《宋史》

附錄

【盡忠報國】

岳飛的背上刺有「盡忠報國」四個字，
他被誣陷後曾露出後背，
表示自己絕不會謀反。

【幸災樂禍】

岳飛給金朝留下了很大的陰影，
因此當岳飛被害的消息
傳到金朝後，
金朝官員甚至高興得喝酒慶祝。

【自食其果】

讓趙構沒想到的是，
秦檜在害死岳飛後勢力越變越大，
甚至每次見面，
趙構都要帶把匕首防著他。

百群喵檔案

花卷小劇場

《請客》

《花卷的苦惱》

花卷

獅子座

生日：8月 15 日

身高：179 公分

喜歡的樂器：小號

討厭的食物：辣椒

（花卷擬人介紹）

花卷的廚房

Huajuan's kitchen

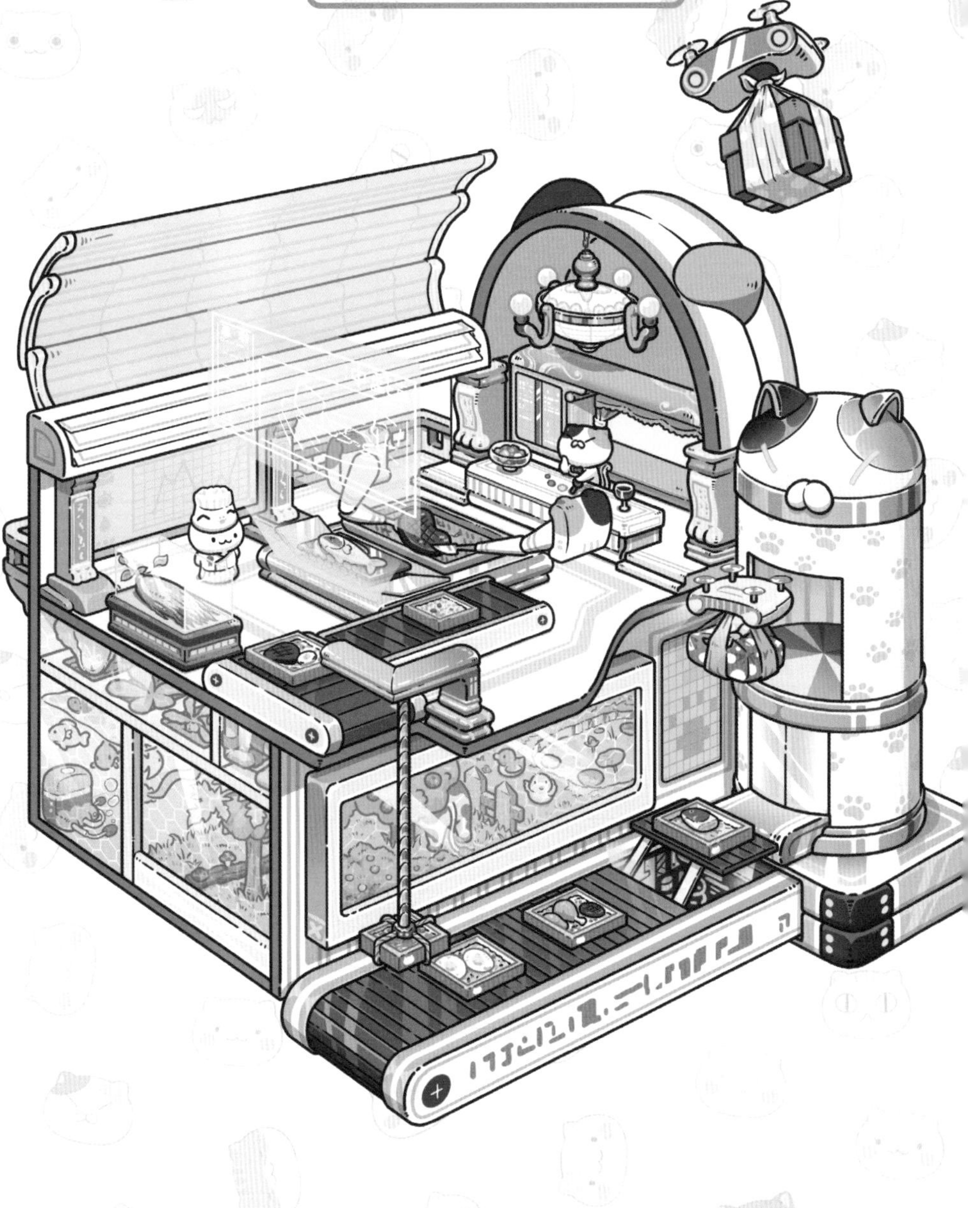

第一百二十八回◉海陵奪位

西元1141年，
南宋與金朝達成了**紹興和議**，

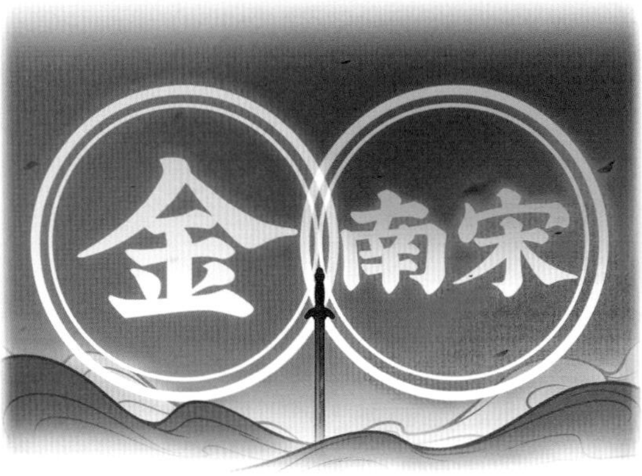

白壽彝《中國通史》：
「（1141）十一月，金、宋達成和議，史稱『紹興和議』。所議內容包括：（1）宋向金稱臣……宋每年向金納貢銀、絹各25萬兩、匹……」

南宋獲得了**暫時的安寧**，

白壽彝《中國通史》：
「在軍民抗金的大好形勢下，宋高宗卻屈辱妥協……紹興十一年（1141）十一月，在紹興九年和議的基礎上再作退讓……以此換得對東南半壁江山的偏安。」

同樣地，金朝也**喘了口氣**。

軍事科學院《中國軍事通史》：
「宋紹興十一年（金皇統元年、1141年）十一月，宋金代表經過談判，正式簽訂和約……此次議和，主動權完全掌握在金朝方面……」「金朝在與南宋議和後，利用休戰的有利時機，進行恢復和發展生產。」

作為一個善戰的民族，
女真族從立國起就在**不斷打仗**，

蔡美彪《中國通史》：
「收國元年（一一一五年）正月，金太祖在建立金國後，立即向遼朝的黃龍府進攻。金太祖親自領兵進逼達魯古城，大敗遼軍……」

先是吞下了**遼**，

李桂芝《遼金簡史》：
「天輔七年（1123年）八月，金太祖死，諳班勃極烈吳乞買即位，為金太宗……天會三年（1125年），俘遼帝，經十年，金朝終於取代了遼朝。」

後又打下了**宋**。

李桂芝《遼金簡史》：
「天會五年（1127年），金將宗翰、宗望挾制北宋群臣立張邦昌為帝，建立大楚為金朝藩輔，統治黃河以南地區，北宋滅亡。」

所以在它的統治範圍內，
政治制度非常**混亂**……

蔡美彪《中國通史》：
「金太祖、太宗迅速地占領了遼、宋統治下的如此廣大的領域。在這個領域裡，不僅居住著不同的民族，而且具有不同的社會、政治制度、不同的歷史傳統。」

老金家原本實行的是**奴隸制**，

蔡美彪《中國通史》：
「金國的建立，是奴隸制發展的結果，是歷史的必然。而當金朝奴隸主國家建立後，政治的和軍事的統治得到加強，又必然要反轉來鞏固和發展奴隸制度。」

而原遼朝的地域則是**封建制**。

虞云國《細說宋朝》：
「原遼朝統治的東北地區，包括女真、契丹、渤海、奚族等各族人民，其中契丹，渤海等族已進入封建制……原遼朝上京以南直至燕雲十六州地區，這裡遼朝立國以來已處於封建制統治下。」

打下來的宋朝部分
更是高度發展的**封建社會**。

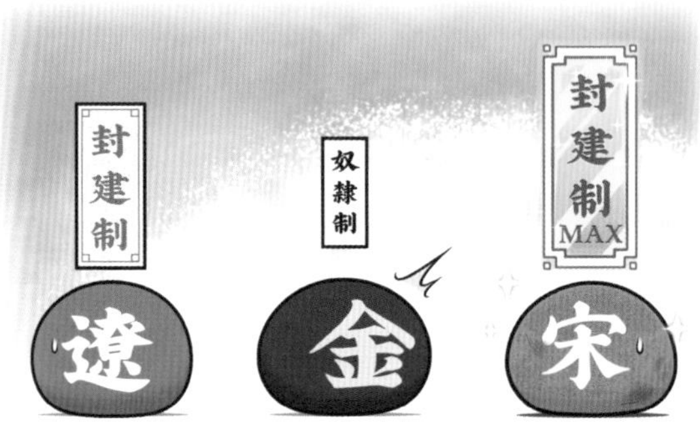

虞云國《細說宋朝》：
「隨著滅亡遼朝和北宋，金朝的版圖也基本確定，它大體包括遼朝舊地和北宋淮河、秦嶺以北的州郡……原宋朝淮河秦嶺以北的漢族地區，是高度發展的封建社會。」

要知道，
宋朝中原地區的先進可是很有**吸引力**的。

李桂芝《遼金簡史》：
「（金朝）建國初，大量漢人的遷入，向金朝內地傳播了漢文化；此後，女真人南下中原又使他們處於漢文化的汪洋大海之中……他們對漢文化的吸收也更主動，更自然。」

於是乎，金朝內部開始分成了**兩派**。

蔡美彪《中國通史》：
「金朝統治領域的社會經濟制度，呈現出奴隸制和封建制同時並存的局面……不同的制度當然不可能在金朝統一的國家內互相平行的發展，不能不發生劇烈的尖銳的鬥爭。」

一派是想實行奴隸制的**守舊派**，

一派則是想推行封建化的**改革派**。

張博泉《金史簡編》：
「天會十三年（1135年）正月，太宗死，熙宗即皇帝位……他是第一個受漢文教育而敵視女真舊俗，並用漢官制改革女真舊制的皇帝。」「熙宗在同奴隸主貴族舊勢力的鬥爭中，加強和鞏固了他的統治地位……是女真族的封建改革派與守舊勢力的矛盾鬥爭。」

兩邊那個「**撕**＊」啊……

蔡美彪《中國通史》：
「金熙宗即位以來的五、六年間，統治集團內以宗磐、宗雋為首的保守派和以宗翰、宗幹、希尹、宗弼等為首的改革派，展開了十分激烈的鬥爭。」

＊撕：指爭執吵架。

搞得金朝內部**亂**得不行。

蔡美彪《中國通史》：
「金朝自從征服了遼和北宋地區以來，就面臨著推行奴隸制，還是適應被征服地區的狀況轉向封建制這樣兩條道路……兩個不同的政治派別和集團，展開了激烈的政治鬥爭。鬥爭發展到相互誅殺的激烈程度……」

而這混亂的局勢，
倒是給了一個**野心家上位**的機會。

他就是**完顏亮喵**。

白壽彝《中國通史》：
「海陵王（1122—1161），即完顏亮。字元功，女真名迪古乃……」

亮喵也是**皇族**，

周峰《完顏亮評傳》：
「完顏亮，字元功，女真名迪古乃，是（金）太祖之孫。」
白壽彝《中國通史》：
「完顏阿骨打嗣位為都勃極烈後……在次年（遼天慶五年，宋政和五年）正月初一日（1115年1月28日）即帝位，國號為金，年號為收國，是為金太祖。」

他**爺爺**是金朝的**開國皇帝**，

爸爸是金朝的**開朝功臣**。

周峰《完顏亮評傳》：
「完顏亮的父親完顏宗幹，女真名斡本，是金太祖的庶長子。」「完顏宗幹作為三朝重臣，太祖之子，太宗之姪，熙宗之伯父兼養父，不僅位高望重，為金朝的開創立下了汗馬功勞，而且為金朝統治的鞏固，弭除內亂作出了特殊的貢獻。」

而他……

只是個**小老婆生的**孩子。

周峰《完顏亮評傳》：
「完顏亮的生母大氏是完顏宗幹的側室。」

即便他26歲就成為**宰相**，

《金史．卷五》：
「（完顏亮）字元功，本諱迪古乃，遼王宗幹第二子也。母大氏。天輔六年（1122年）壬寅歲生。」
「（皇統）八年（1148年）六月，（完顏亮）拜平章政事。十一月，拜右丞相。」

27歲又當上了**元帥**，

白壽彝《中國通史》：

「皇統九年（1149）正月，（完顏亮）升任都元帥，掌握了金朝兵權。」

周峰《完顏亮評傳》：

「皇統九年（1149）正月十六日是完顏亮的27歲生日。」

但他……

還是個**小老婆生的**孩子。

周峰《完顏亮評傳》：

「徒單氏是完顏宗幹的正室，也就是完顏亮的嫡母……完顏亮因為其母親的側室地位，一直有自卑心理。」

不過亮喵確實是很**優秀**的，

他很愛**讀書**，

《大金國志．卷十三》：
「（完顏亮）好讀書，學弈象戲，點茶，延接儒生，談論有成人器。」

並且**詩**寫得特別**好**，

《大金國志．卷十五》：
「海陵（完顏亮）少而知書……一吟一詠，冠絕當時……」
周峰《完顏亮評傳》：
「由於完顏亮從小就受漢族傳統文化的教育，因而他的文化修養很高……其詩詞具有很高的文學、藝術價值。」

作為金喵，甚至對**漢文化**瞭解頗深，

周峰《完顏亮評傳》：
「完顏亮從幼年直至17歲時，一直在學習漢族的傳統文化。」
張博泉《金史簡編》：
「海陵（完顏亮）生母大氏，是封建文化發展較高的渤海皇族大姓昊天之女。海陵通曉漢制漢文化，在當時他同宗幹養子熙宗都是漢文化修養較高的人。」

心中更是有**一統天下**的壯志。

周峰《完顏亮評傳》：
「金自1115年建國，僅短短十餘年間……滅掉遼與北宋兩個強大王朝。這一切，都給誕生於此時的完顏亮留下了不可磨滅的印象，父祖之赫赫戰功，更激發了他的雄心壯志，他的目標也更為遠大，那就是統一中國。」

可他……就因為是**小老婆生的**孩子，
所以當不了皇帝……

《金史．卷五》：
「熙宗以太祖嫡孫嗣位，亮意以為宗幹太祖長子，而己亦太祖孫，遂懷覬覦。」

不過上天還是給了他**機會**，

當時金朝的皇帝其實是他**堂哥**，

《金史．卷四》：

「熙宗弘基纘武莊靖孝成皇帝，諱亶，本諱合剌，太祖孫，景宣皇帝子。」

周峰《完顏亮評傳》：

「完顏亮在熙宗即位之後，由於熙宗與其父親完顏宗幹的深厚感情，因而熙宗對這位堂弟也寵愛有加。」

堂哥喵是想當個**好皇帝**的，

白壽彝《中國通史》：

「金熙宗初即位時，尚有意革新。完顏宗幹與完顏宗弼相繼秉政，用漢人宰執韓企先、韓昉等人議禮儀、班爵祿、制新律，成一代之典。」

可惜……

金朝內部的守舊派和改革派卻一直「**撕**」個沒完。

李桂芝《遼金簡史》：
「熙宗統治時期，是金朝設官定制的新舊交替時期。新舊勢力的矛盾、衝突，與女真貴族、漢官集團間的爭權鬥爭交織在一起……熙宗動搖於兩大集團之間，無所適從。」

自己**皇后**也是個**鬧騰**的主兒，

蔡美彪《中國通史》：
「天眷元年（一一三八年）十二月，（金熙宗）立裴滿氏為皇后（悼平后）。一一四二年，裴滿氏生子濟安，立為皇太子……皇后裴滿氏結合朝臣，干預朝政。」

所以最後堂哥喵**怎樣**了呢？

李桂芝《遼金簡史》：
「皇統八年（1148年），宗弼死，契丹人蕭仲恭與宗室宗賢、宗勖、宗亮、宗敏、宗本相繼為相，總軍國事，仍不能徹底擺脫派系鬥爭的干擾，政局仍不穩定。加之皇后裴滿氏干政，對熙宗多有牽制，熙宗積不能平。」

堂哥喵……**黑化了**，

每天借**酒**消愁，

《金史．卷四》：

「（1142年）三月辛丑，還自天開殿……上（熙宗）自去年荒於酒，與近臣飲，或繼以夜。宰相入諫，輒飲以酒，曰：『知卿等意，今既飲矣，明日當戒。』因復飲。」

周峰《完顏亮評傳》：

「熙宗酗酒的原因不僅僅因為貪酒，更主要的是借酒澆愁。」

一發酒瘋就到處**砍**。

《金史．卷六十三》：

「（皇統）二年（1142年），太子濟安生。是歲，熙宗年二十四，喜甚，乃肆赦，告天地宗廟。彌月，冊為皇太子，未一歲薨。」「濟安薨後，數年繼嗣不立，后頗掣制熙宗。熙宗內不能平，因無聊，縱酒酗怒，手刃殺人。」

先後中招的就有……

親王、

《金史．卷六十九》：
「皇統七年（1147年）四月戊午，左副點檢蒲察阿虎特子尚主……熙宗被酒，酌酒賜元，元不能飲，上怒，仗劍逼之，元逃去……上益怒，是時戶部尚書宗禮在側，使之跪，手殺之。」

大臣、

妃子等等。

白壽彝《中國通史》：
「熙宗受皇后掣制，加之自皇統二年（1142）太子濟安夭折後，數年繼嗣不立，而鬱鬱寡歡，常縱酒發怒……皇統九年（1149）十一、十二月之間，先後殺死親王、大臣、嬪妃十數人，甚至皇后裴滿氏亦不能倖免。」

身邊的侍衛、宮女更是每天**瑟瑟發抖**，

《金史．卷四》：

「熙宗之時，四方無事，敬禮宗室大臣，委以國政，其繼體守文之治，有足觀者。末年酗酒妄殺，人懷危懼。」

這簡直就是**送皇位**給亮喵啊！

於是乎，亮喵一邊在堂哥喵那兒**裝忠心**，

《金史．卷五》：
「（皇統）七年（1147年）五月，（完顏亮）召為同判大宗正事，加特進。十一月，拜尚書左丞……一日因召對，語及太祖創業艱難，亮因嗚咽流涕，熙宗以為忠。」

一邊則**暗暗**培養**造反**的勢力。

《金史．卷五》：
「（1149年）三月，（完顏亮）拜太保、領三省事，益邀求人譽，引用勢望子孫，結其歡心。」「熙宗嘗以事杖左丞唐括辯及右丞相秉德，辯及與大理卿烏帶謀廢立……他日，海陵（完顏亮）與辯語及廢立事，曰：『若舉大事，誰可立者？』……於是旦夕相與密謀。」

雖然堂哥喵似乎也**察覺**到點啥，

《金史．卷五》：
「護衛將軍特思疑之，以告悼后曰：『辯等公餘每竊竊聚語，竊疑之。』后以告熙宗。熙宗怒，召辯謂曰：『爾與亮謀何事，將如我何？』杖之。」

但……已經**來不及**了。

畢竟誰都**怕**突然被砍死好嗎！

蔡美彪《中國通史》：
「（1149年）十一月，（金熙宗）殺裴滿后及妃嬪多人，又殺完顏爽子阿懶和撻懶。熙宗大肆誅殺，朝中貴族大臣人人自危，陷於一片恐懼之中。」

於是，一天夜裡，
大家一起**動手**！

《金史．卷四》：
「（1149年）十二月己酉朔，上（金熙宗）至自獵所……夜二鼓，興國竊符，矯詔開宮門，召辯等。亮懷刀與其妹夫特廝隨辯入至宮門，守者以辯駙馬，不疑，內之。及殿門，衛士覺，抽刃劫之，莫敢動。」

幫堂哥喵**領**了**便當**……

《金史．卷四》：
「忽土、阿亮出虎至帝（金熙宗）前，帝求榻上常所置佩刀，不知已為興國易置其處，忽土、阿里出虎遂進弒帝，亮復前手刃之，血濺滿其面與衣。帝崩，時年三十一。」

就這樣，亮喵順利**當上**了**皇帝**。

《金史．卷四》：
「左丞相秉德等遂奉亮坐，羅拜呼萬歲，立以為帝。」

作為一個接受漢文化薰陶的喵，
亮喵一上位就開始堅定地推行**封建化**改革。

虞云國《細說宋朝》：
「完顏亮對金朝歷史起過積極推動作用，堪稱有為之君，這主要表現在完善中央集權，推進封建改革，定官制，遷都燕京。」

而他面對內部**守舊勢力**的**方法**只有一個，

張博泉《金史簡編》：
「海陵（完顏亮）即位後，大權在手……當時威脅他的地位鞏固的，仍是女真舊貴族的守舊勢力，尤其是同他一起合作殺熙宗而又與舊勢力有聯繫的秉德、唐括辯等。」

那就是**殺**。

《金史．卷五》：
「（1150年）四月戊午，（完顏亮）殺太傅、領三省事宗本，尚書左丞相唐括辯，判大宗正府事宗美。遣使殺領行台尚書省事秉德，東京留守宗懿……」

無論是反對他的，還是反對改革的，
都被他砍得**一乾二淨**。

周峰《完顏亮評傳》：
「完顏亮為了鞏固自己的統治，處心積慮地以各種莫須有的罪名對宗室進行大肆屠殺。」
蔡美彪《中國通史》：
「海陵王（完顏亮）從政治上、文化上努力消除民族間的對立，在打擊女真保守派貴族的同時，爭取漢人地主士大夫的支持，對金朝的政治制度作了全面的改革。」

雖說手段**殘暴**，
但改革確實對金朝的統治起到了鞏固作用。

蔡美彪《中國通史》：
「海陵王（完顏亮）極力推行封建化，鎮壓貴族反對派，遷都燕京，改革政治制度……奠立了金朝封建制統治的基礎。」
李錫厚、白濱《遼金西夏史》：
「（完顏亮）銳意求治、嚴肅吏治、樂於納諫，在政治上求有所作為。即遷燕京，完善中央集權，為金朝統治進一步的鞏固奠定了基礎。」

然而，作為一個滿懷大志的皇帝，

亮喵卻並**不滿足**。

虞云國《細說宋朝》：

「在金朝歷史上，除了太祖、太宗，完顏亮稱得上是唯一有統一天下的雄心大志的帝王。」

軍事科學院《中國軍事通史》：

「海陵王（完顏亮）經過對軍事和政治制度的改革，完全掌握了金朝軍政大權……第一志向實現後，海陵王又開始實施第二個志向。」

他的目光投向了南邊的**南宋**，

李桂芝《遼金簡史》：

「統一了全國的政治制度，加強了中央集權的統治後，完顏亮又開始策劃南下伐宋，急於取江南統一全國。」

那麼他**會成功**嗎？

（且聽下回分解。）

編者按

金朝在金太祖、太宗時期，正處於對外擴張的階段，沒有太多精力整頓內部，一直以奴隸制作為「本國制度」。到了熙宗時，金朝已經併吞了遼和部分宋的領土，這些地區的封建制與金朝傳統的奴隸制格格不入。此外，熙宗自幼接受漢文化教育，漢化程度較高，甚至將宗室貴族視為「夷狄」。而宋金之間戰火的平息，使他能夠在和平環境下對國家進行改革。他在位時，金朝開始採用漢官制、頒佈法律、制定禮儀等，開始了封建化的轉變。完顏亮作為改革派的一員，雖然篡奪了熙宗的帝位，卻繼承了熙宗的改革。但他也同熙宗一樣，對宗室貴族進行了殘酷的屠殺，這不僅削弱了統治集團的力量，也讓更多人站到了他的對立面。

完顏亮——煎餅（飾）

參考來源：《金史》、《大金國志》、白壽彝《中國通史》、蔡美彪《中國通史》、李桂芝《遼金簡史》、虞云國《細說宋朝》、張博泉《金史簡編》、周峰《完顏亮評傳》、李錫厚和白濱《遼金西夏史》、軍事科學院《中國軍事通史》

附錄

【漢人模樣】

完顏亮是女真族，
但他跟漢人一樣喜歡下棋和喝茶，
因此他有個綽號叫「勃烈漢」，
意思是看起來像漢人。

【踢球陷阱】

完顏亮登基後，
想除掉幾個威脅皇位的貴族，
於是邀請他們到宮裡踢球，
然後設下伏兵幹掉他們。

【演技高超】

完顏亮有一次和堂哥金熙宗
聊到金朝開國時的艱辛，
他哭得稀里嘩啦，
堂哥以為他很忠心，
但其實都是裝的。

百群喵檔案

煎餅小劇場

《回到過去》

原來真的有時光機。
當然啦，因為這是漫畫呀！
好！時光倒流回到過去！
出發！
是出口！
好期待啊！不知道會看到什麼！
啊？
我要那套限量版裙子，快包起來！
好……
推

《感動》

完蛋了……我買裙子的事被她知道了……
這下該怎麼辦？
要是讓我知道誰老是買走我喜歡的裙子，我擰斷他的脖子！
我的脖子……
煎餅！
啊！我在……
你偷偷去買裙子是因為知道我喜歡嗎？
難道是打算生日時送我？
沒想到你這麼用心，我好感動。

煎餅

雙魚座

生日：3 月 3 日

身高：182 公分

喜歡的樂器：手風琴

討厭的食物：香菜

（煎餅擬人介紹）

煎餅的廚房

Jianbing's kitchen

第一百二十九回◉采石之戰

西元12世紀，

華夏大地大致以**南北**劃分。

軍事科學院《中國軍事通史》：

「12～13世紀在中國境內形成……南北對峙的局面。」

南邊是偏安一隅的**南宋**，

吳泰《宋朝史話》：

「北宋時，有遼、西夏同宋對峙。南宋時，則有金朝雄踞淮河、秦嶺以北的中國北方，南宋只能偏安一隅。」

北邊則是幅員遼闊的**金國**。

《金史．卷二十四》：

「金之壤地封疆，東極吉里迷兀的改諸野人之境，北自蒲與路之北三千餘里……經臨潢、金山，跨慶、桓、撫、昌、淨州之北，出天山外……南以唐鄧西南皆四十里，取淮之中流為界……」

在經歷了政變與改革後，
金國完成了**封建化**的轉變。

蔡美彪《中國通史》：
「一一四九年，金平章政事完顏亮（海陵王）殺金熙宗，奪取了政權，繼位作皇帝。」
軍事科學院《中國軍事通史》：
「貞元元年（1153年）二月，海陵王攜百官從上京會寧府赴中都（今北京），大批女真貴族隨之南遷……標誌著金朝最終完成了向中原封建制的轉化。」

而它如今的統治者正是金的**第四代**皇帝，

這就是**完顏亮喵**。

吳泰《宋朝史話》：
「完顏亮是金朝第四個皇帝。」

亮喵是一個手段殘酷的**強硬派**，

《金史．卷五》：
「（完顏亮）為人僄急，多猜忌，殘忍任數。」

他**篡奪**皇位，

白壽彝《中國通史》：
「金皇統九年（1149）十二月，金副相（平章政事）完顏亮刺殺金熙宗後奪取帝位……」

他鐵血**改革**，

吳泰《宋朝史話》：
「（完顏亮）登上皇帝寶座後，在金朝實行一系列政治改革，殺掉大批奴隸主舊貴族，在金朝確立了中央集權專制統治。」

反正就是**野心勃勃**！

> 李錫厚、白濱《遼金西夏史》：
> 「完顏亮遷都燕京，在北方實現了政令的統一，對他來說，這僅僅是為實現下一個目標所做的準備。」

而他做這些都只是為了一個**目標**，

那便是**消滅**南宋，**統治**天下。

> 李錫厚、白濱《遼金西夏史》：
> 「他的下一個目標就是要滅亡南宋、統一全中國。」
> 《金史．卷一二九》：
> 「海陵（完顏亮）恃累世強盛，欲大肆征伐，以一天下，嘗曰：『天下一家，然後可以為正統。』」

在當時的情況下，
金國**雖大**，

傅樂成《中國通史》：
「金的疆域，東至今俄屬東海濱省及朝鮮半島北部，西至今甘肅省東部，北逾陰山，南至淮水，成為東亞最大的強國。」

但要滅南宋還是**不夠**的。

白壽彝《中國通史》：
「海陵王（完顏亮）時金朝的實力不及宋朝，當務之急是與民休息，發展生產，增強國力。」

但……亮喵卻**不以為然**，

白壽彝《中國通史》：
「但海陵王（完顏亮）不顧國情民力，決意發動大規模的滅宋戰爭。」
《金史．卷一二九》：
「海陵（完顏亮）與仲軻論《漢書》……曰：『朕舉兵滅宋，遠不過二三年，然後討平高麗、夏國。一統之後，論功遷秩，分賞將士，彼必忘勞矣。』」

大臣們**不支持**，

他就**砍**大臣。

白壽彝《中國通史》：
「海陵王（完顏亮）無視金朝政局動蕩不安，正隆六年（1161）二月，自中都出發南巡，六月，抵南京。自議南伐以來，凡極諫的大臣，非杖即殺。」

士兵**不夠**，

他就去**抓**壯丁。

《金史．卷一二九》：
「海陵（完顏亮）恃累世強盛，欲大肆征伐……遣使籍諸路猛安部族、及州縣渤海丁莊充軍……凡年二十以上、五十以下者皆籍之，雖親老丁多，求一子留侍，亦不聽……」

軍費**不足**，

就**增加**喵民的**賦稅**。

《金史．卷七十三》：
「海陵（完顏亮）軍興，為一切之賦，有菜園、房稅、養馬錢。」
白壽彝《中國通史》：
「正隆五年（1160）七月，（完顏亮）簽發各路漢軍……為籌集軍資，提前徵收五年稅，又加收菜園稅、戶稅、養馬錢，四方所造軍器材用皆賦於民。」

就連戰馬沒**飼料**，

《金史．卷一二九》：「（完顏亮）詔河南州縣所貯糧米以備大軍，不得他用，而騾馬所至當給芻粟，無可給……」

他甚至能放任牠們去**啃**喵民地裡的**糧食**。

《金史．卷一二九》：「……有司以為請，海陵（完顏亮）曰：『此方比歲民間儲畜尚多，今禾稼滿野，騾馬可就牧田中，借令再歲不獲，亦何傷乎。』」

反正就是**要幹**。

白壽彝《中國通史》：「海陵王（完顏亮）曾言有三志：國家大事皆自我出；帥師伐國，執其君長問罪於前……自以為興兵二三年，即可滅南宋，統一江南，以稱正統。」

《金史．卷五》：「（1161年）上（完顏亮）自將三十二總管兵伐宋，進自壽春。以太保、樞密使昂為左領軍大都督，尚書右丞李通副之……」

李桂芝《遼金簡史》：

「天德三年至正隆五年（1151—1160年）間，完顏亮營造燕京、汴京兩處宮室，打造軍器，修造戰船，役使民夫工匠數百萬，耗費資財甚巨。百姓久困轉輸，不勝疲敝。帑藏匱乏，又加賦於民……使天下擾攘，民不聊生。」

這樣的做法自然是搞得**民怨沸騰**，

不僅到處有喵民**起義**，

蔡美彪《中國通史》：

「海陵王（完顏亮）徵兵南侵，『徵斂煩急』，官吏借此為奸，富室用賄以免，貧者睏乏破產，因此各族人民的起義更加風起雲湧，衝擊著金朝奴隸主、封建主的統治。」

士兵們也是**士氣低落**，

李桂芝《遼金簡史》：

「六年（1161年）九月，完顏亮親率百萬大軍分路南下，大舉征宋……但他的後方極不鞏固，山東、河北和西京、北京、臨潢府路地區相繼爆發了各族人民的反抗鬥爭。南徵士卒均無鬥志，所恃者只有精銳五千……」

甚至後方還要**叛變**。

傅樂成《中國通史》：
「當金主亮（完顏亮）南侵以後不久，金人憤其暴虐，乘機擁立亮族弟烏祿於遼陽（今遼寧遼陽市老城）……」

虞云國《細說宋朝》：
「就在完顏亮親率大軍由汴京向淮河開拔時，一些猛安謀克軍紛紛舉部逃亡，公開聲稱『前往東京立新天子』。他對遠在東京遼陽府的宗室完顏烏祿的號召力嚴重估計不足，只派一支偏師前去鎮壓，自己依然按原計劃南下。」

可即便是這樣，
亮喵依然十分**堅定**……

畢竟在他看來，自己這邊**不行**，

吳泰《宋朝史話》：
「（1161年）當葉義問於十月下旬離開杭州的時候，金朝內部已經又發生政變……率軍南侵的完顏亮已面臨困境。」

南宋軍那邊其實**更不行**，

《續資治通鑑．卷一三五》：

「初，金主亮問：『頃年梁王何以得渡江？』或答曰：『梁王自馬家渡過江，江之南雖有兵，望見我軍即奔走，船既著岸，已無一人一騎。』金主亮曰：『吾渡江亦猶是矣。』」

而事實也**的確**如此。

一聽到金軍打過來，

南宋的守將就**跑光了**，

何忠禮《南宋全史》：

「（1161年）東路金軍在完顏亮親自率領下由開封南下……金兵所到之處，宋軍望風而逃，如蹈無人之境。當時劉錡對兩淮的部署是：自駐揚州，兼守淮東，命王權守淮西……王權聞金兵來，深夜從廬州逃遁。」

朝廷那邊也**慌**得不行。

白壽彝《中國通史》：「紹興三十一年（1161）十月，金軍渡淮南犯，南宋首都臨安一片慌亂，許多官員把家屬送出京城，以便隨時逃跑。」

在這樣的情況下，

擋在亮喵**大軍前**的除了那滔滔江水外，

只有一個**喵**。

軍事科學院《中國軍事通史》：「（1161年）十月底，金兵全線推進到長江邊，海陵王（完顏亮）督責將士晝夜趕造戰船，準備從楊林口渡江。」

他就是**虞允文喵**。

《宋史．卷三八三》：「虞允文，字彬甫，隆州仁壽人。父祺，登政和進士第，仕至太常博士、潼川路轉運判官。允文六歲誦九經，七歲能屬文。」

允文喵是個**大帥哥**，

《宋史・卷三八三》：「允文姿雄偉，長六尺四寸，慷慨磊落有大志，而言動有則度，人望而知為任重之器。」

但其實並**不是**打仗的。

《宋史・卷三八三》：「（虞允文）以文學致身台閣……嘗注《唐書》《五代史》，藏於家。有詩文十卷，《經筵春秋講義》三卷，《奏議》二十二卷，《內外志》十五卷，行於世。」

之所以在前線，

只是因為他奉命來**慰問**軍隊。

《宋史・卷三八三》：「（1161年）十一月壬申，金主（完顏亮）率大軍臨采石，而別以兵爭瓜洲。朝命成閔代錡、李顯忠代權，錡、權皆召。義問被旨，命允文往蕪湖趣顯忠交權軍，且犒師采石……」

可一到前線他就**傻眼**了……

不僅將領們**溜了**，

《宋史．卷三八三》：

「（1161年）九月，金主（完顏亮）命李通為大都督，造浮梁於淮水上。金主自將，兵號百萬，氈帳相望，鉦鼓之聲不絕。十月，自渦口渡淮。先是，劉錡措置淮東，王權措置淮西。至是，權首棄廬州，錡亦回揚州……」

士兵們坐在路邊也打算**跑**。

白壽彝《中國通史》：

「（1161）虞允文到達東采石時，見逃到江南的王權部下將士，群龍無首，三五成群地散坐路邊……遙望長江北岸，金營遍野，『金主（完顏）亮登高台，張黃蓋，被（服）金甲，據胡床而坐，（宋）諸將已為遁計』。」

這……還**打個啥**啊！

可怎樣都好，

情況已經很緊急了，

於是允文喵毅然決然地**挑起**了抗金的**大梁**。

軍事科學院《中國軍事通史》：「（1161年）十一月上旬，虞允文到采石，宋殘兵敗將三五成群坐在路旁……宋軍官兵籠罩在失敗的陰影之中。見此情景，虞允文毅然負起抗擊金軍的重任……」

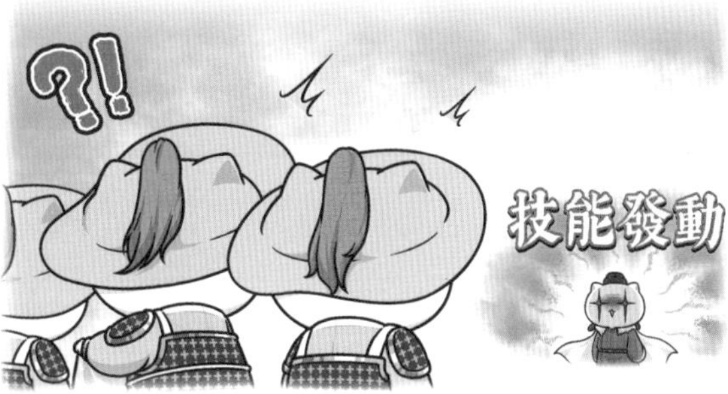

他對士兵們**曉之以理**，

動之以情，

那既然都是死，
是不是乾脆跟他
們拼了算了呢！

周峰《完顏亮評傳》：
「完顏亮的大軍在長江北岸駐紮，時刻準備渡江……（虞允文）徐徐勸導殘兵敗將們：『虜萬一過江，爾輩措足無所，雖走，亦何之。今怯戰亡走亦死，戰亦死，等死，不如一戰，冒萬死求一生……』」

還祭出了**賞金**攻勢。

《續資治通鑑．卷一三五》：
「南師（宋軍）已為遁計……允文曰：『今顯忠未至而敵已過江，我當身先進死，與諸軍戮力決一戰。且朝廷出內帑金帛九百萬緡，給節度、承宣、觀察使告身皆在此，有功即發帑賞之，書告授之。』」

而且打贏了
的話，看這
是啥？想想
啊！

這真是非同一般的**鼓舞**呀……

宋軍士氣瞬間**暴漲**，

何忠禮《南宋全史》：
「（虞允文）毅然負起了抗擊金軍的重任。他召集統制張振、王琪、時俊等人，先責以忠義，再出具功賞……將士們聽了，信心大增，大家表示：『今既有所主，請為捨人一戰。』」

之後允文喵還發揮出了**高超**的**組織**能力。

例如**調派**軍隊**重整**防線，

何忠禮《南宋全史》：
「……於是，虞允文立即親臨前線，整頓步騎，沿江布防，派出海鰍船和戰船駐中流阻擊。」

例如組織當地**喵民**共同**抗擊**敵軍等。

白壽彝《中國通史》：

「紹興三十一年（1161）十月，金軍渡淮南犯……身任參謀軍事的文官虞允文，立即召集原王權部下的將官……並於長江南岸山間布陣，但水軍雖有戰船卻不敢出擊，虞允文立即命令當塗民兵登船，共準備同抗擊金兵。」

而**金軍**這邊呢？

雖然數量眾多，

但士氣非常**低落**。

何忠禮《南宋全史》：

「正隆六年（1161，南宋紹興三十一年）六月二十三日，完顏亮自燕京遷都南京（河南開封）。九月，他統兵六十萬，號稱百萬，分東路、西路、中路和海路四道南下。」

軍事科學院《中國軍事通史》：

「（1161年）金東京發生政變，使前線金軍有後顧之憂，軍心動搖，起到了瓦解金軍鬥志的作用。」

再加上北方來的軍隊並**不擅長**水戰，

《續資治通鑑．卷一三五》：

「（1161年）先是金主亮（完顏亮）為內變所撓，自將細軍駐和州之雞籠山，用內侍梁漢臣議，將自采石濟。」「金主亮自執小紅旗，麾舟自楊林口尾尾相銜而出。金所用舟，皆撤和州民居屋板以造……底闊如箱，行動不穩，且不諳江道，皆不能動，其能施弓箭者，每舟十數人而已……」

一通交戰下來，

被**精通**水戰的南宋軍一頓揍。

虞云國《細說宋朝》：

「（1161年）十一月八日，完顏亮親掣紅旗指揮戰船渡江……宋軍利用水軍優勢，施放霹靂炮，令金軍難以抵擋，並以海鰍船衝撞或攔截敵船……」

金軍兩天苦戰

始終**沒能**打破南宋的長江防線，

《宋史．卷三八三》：

「（1161年）亮操小紅旗麾數百艘絕江而來，瞬息，抵南岸者七十艘，直薄宋軍……士殊死戰。中流官軍亦以海鰍船衝敵……又命勁弓尾擊追射，大敗之……（虞允文）犒將士，謂之曰：『敵今敗，明必復來。』……丁丑，敵果至，因夾擊之，復大戰，焚其舟三百……」

【如果歷史是一群喵】

滅亡南宋的企圖最終只能宣布**破產**。

白壽彝《中國通史》：
「金帝完顏亮親自指揮金軍渡江……將官時俊在虞允文的激勵下，『手揮雙長刀出陣奮擊……俘斬略盡』……次日，虞允文又派盛新率船隊出擊北岸的楊林渡口，大敗金水軍……完顏亮渡江南侵計劃破滅……」

這就是歷史上的「**采石之戰**」。

吳泰《宋朝史話》：
「完顏亮指揮金兵自采石渡江，虞允文親自督宋軍奮起抗擊，又用海鰍船衝擊敵舟，一舉擊敗渡江的金兵，這就是歷史上著名的『采石之戰』。」

采石一役是金由勝轉敗的**轉折點**，

軍事科學院《中國軍事通史》：
「海陵王（完顏亮）采石渡江失敗，被迫退回和州。采石之戰是金軍由勝至敗的轉折點。」

南宋士氣得到極大**鼓舞**，

［德］傅海波、［英］崔瑞德《劍橋中國遼西夏金元史》：
「采石之戰相對來說只是一場小規模的軍事交鋒，但是此戰在心理上造成的影響卻是絕不可忽略的，宋朝因此而獲得了信心，再次感到了自己的強大。」

而金國力量則大受**打擊**。

何忠禮《南宋全史》：
「采石之戰沉重地打擊了金軍的銳氣，加速了完顏亮統治集團的分裂和崩潰。」

狂妄自大的亮喵也在隨後的兵變中**領**了**便當**。

白壽彝《中國通史》：
「（1161）十一月，海陵王（完顏亮）大軍在采石磯（今安徽馬鞍山市南）渡長江，為宋都督府參謀軍事、中書舍人虞允文所督宋軍打敗……兵部尚書耶律元宜等眾將領發動兵變，海陵王在大帳中被亂箭射死……」

對於南宋來說，
這場勝利不僅使南宋政權**轉危為安**，

《宋史．卷三八三》：
「金庶人亮（完顏亮）之南侵，其鋒甚銳……允文儒臣，奮勇督戰，一舉而挫之，亮乃自斃。昔赤壁一勝而三國勢成，淮淝一勝而南北勢定。允文采石之功，宋事轉危為安，實系乎此。」

更使**勝利**的天平**偏向**南宋。

軍事科學院《中國軍事通史》：
「南宋抗擊金海陵王（完顏亮）獲勝後，形勢極為有利。」
吳泰《宋朝史話》：
「『采石之戰』對已經處於困境的完顏亮是個致命的打擊……南宋軍隊乘勢收復兩淮，取得了抗金鬥爭的一次重大勝利。」

那麼，
形勢大好的南宋能北上**收復**河山嗎？

（且聽下回分解。）

編者按

結束分裂、實現全國統一，是歷史的大勢所向，但統一是需要條件的。當完顏亮急於征服南宋時，有大臣曾以「當以十年為期」進行勸阻，可他卻認為打敗南宋僅用數月。實際上，從宋金停戰到完顏亮南侵只過了二十年，軍民普遍存在厭戰情緒，金初連年戰火的創傷也尚未修復，並不具備發動大型戰爭的資本。完顏亮為了速成，除了對內橫徵暴斂、殘酷鎮壓反對派，甚至不惜殘害自己的手足、嫡母，出征後又一度對將士進行死亡威脅。正是在這種人心背離的情況下，虞允文的出現成了壓死駱駝的最後一根稻草，他讓完顏亮飲恨長江，最終因兵變慘死。而對於南宋而言，虞允文身為一介書生，卻能力挽狂瀾，不愧為「千古一人」。

參考來源：《金史》、《宋史》、《續資治通鑑》、吳泰《宋朝史話》、白壽彝《中國通史》、蔡美彪《中國通史》、傅樂成《中國通史》、何忠禮《南宋全史》、虞云國《細說宋朝》、周峰《完顏亮評傳》、軍事科學院《中國軍事通史》、李錫厚和白濱《遼金西夏史》、李桂芝《遼金簡史》、［德］傅海波和［英］崔瑞德《劍橋中國遼西夏金元史》

附錄

【白做準備】

完顏亮聽說南宋皇帝的貴妃很漂亮，
本打算滅宋後占為己有，
甚至連床單被套都提前準備好了。

【江上炫技】

虞允文曾當著金軍的面訓練戰船，
戰船在江上來回行駛，速度飛快。
對岸的金軍看得一愣一愣的，
根本不敢過江。

【一箭驚人】

虞允文是個「文科生」，
但武力值並不弱。
他曾和金朝官員比賽射箭，
而且一箭就射中了靶心。

百群喵檔案

湯圓小劇場

《快了快了》

《怎麼辦》

湯圓

水瓶座

生日：2 月 14 日

身高：168 公分

喜歡的樂器：豎琴

討厭的食物：魚腥草

（湯圓擬人介紹）

湯圓的廚房

Tangyuan's kitchen

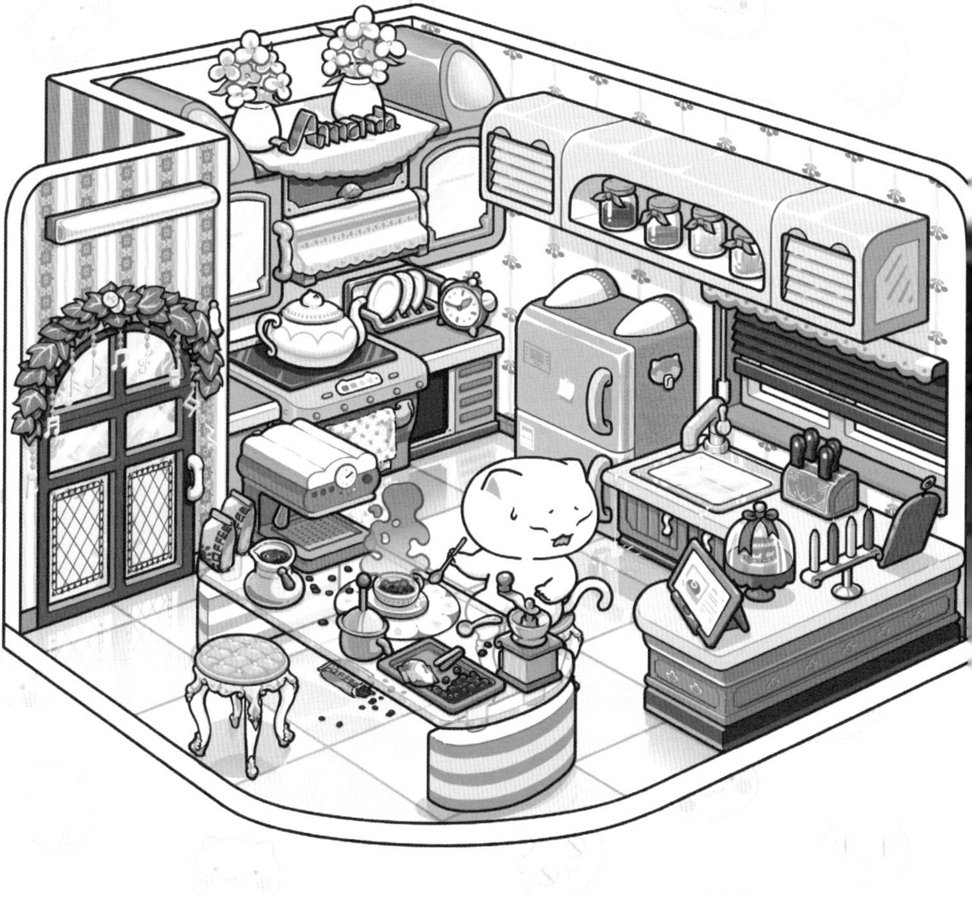

第一百三十回◉隆興和議

采石之戰的勝利，
不僅使南宋政權**轉危為安**，

朱紹侯《中國古代史》：
「紹興三十一年（1161年）夏天，完顏亮再將都城遷到開封。九月，便以號稱百萬（實際約為60萬）的軍隊，分四路大舉南下。」「（1161年）十月底，完顏亮到和州……金兵渡江，南宋軍民殊死戰鬥，他們用海鰍船撞沉渡江的全部敵船，金兵大敗……采石之戰的勝利，使南宋轉危為安。」

甚至還稍稍**占**了點**上風**。

傅樂成《中國通史》：
「三十一年（1161），金從都汴京，遂即大舉分道伐宋。（完顏）亮自率兵六十萬，渡淮而南，直抵采石……宋師拒之於江中……」「（完顏）亮既遭采石之敗，又聞世宗即位，欲先悉眾渡江……宋乘時恢復失土，取得淮北數州，聲勢復振。」

而**金朝**這邊呢，
可就**慘**了……

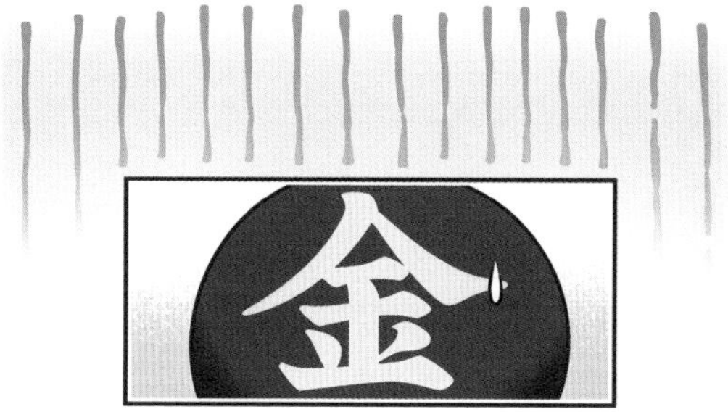

為了打仗，
國民被整得**夠嗆**，

朱紹侯《中國古代史》：
「為了滅亡南宋，統一全國，完顏亮又著手經營開封，大批簽發北方壯丁，搜括民間馬匹，大造戰船和兵器，並把軍隊集中到黃河以南。」
《金史．卷五》：
「（完顏亮）南征造戰艦江上，毀民廬舍以為材，煮死人膏以為油，殫民力如馬牛，費財用如土苴，空國以圖人國……」

問題是還**打敗**了。

陳振《宋史》：
「（1161 年）金帝完顏亮南侵，宋高宗被迫抗金，淮西宋軍南逃，虞允文督率宋軍擊敗渡江南侵的金軍於采石。」

可以說一時間……**虛**得很……

李錫厚、白濱《遼金西夏史》：
「完顏亮發動『南伐』戰爭，結果使得北起金上京、南達淮河流域的廣大範圍內，人民群眾遭受了一場空前的浩劫，由此導致土地荒蕪、人口銳減、經濟蕭條的惡果。」

那麼誰來接這個**爛攤子**呢？

這就是金世宗**完顏雍**(ㄩㄥ)**喵**。

《金史．卷六》：
「世宗光天興運文德武功聖明仁孝皇帝，諱雍，本諱烏祿……」

雍喵也是個**皇族**，

《金史．卷六》：
「……（金）太祖孫，睿宗子也。」

他從小學習**詩書**，

白壽彝《中國通史》：
「完顏雍自幼習詩書，具有較高的漢文化修養。」

騎射也非常了得，

《金史．卷六》：
「（完顏雍）體貌奇偉，美鬚髯……善騎射，國人推為第一，每出獵，耆老皆隨而觀之。」

可以說十分**優秀**啊！

可惜……

他卻一直**被**皇帝堂哥**盯著**。

張博泉《金史簡編》：

「皇統間，世宗以宗室子例授光祿大夫……正隆六年（1161年）五月居母喪，八月又啟用為東京留守，海陵（完顏亮）對世宗經常有所警備……為伺察世宗動靜，派高存福為東京副留守。」

沒錯，堂哥就是**完顏亮喵**。

周峰《完顏亮評傳》：

「完顏亮，字元功，女真名迪古乃，是太祖之孫，（完顏）宗幹的第二子。」「完顏雍是太祖之孫，完顏宗輔之子，生於天輔七年（1123），小完顏亮1歲。」

因為自己本來就是**篡位**上來的，

亮喵對於這個優秀的堂弟非常**忌憚**，

周峰《完顏亮評傳》：

「由於完顏亮殺了熙宗才登上皇帝寶座，因而怕宗室篡權奪位，對宗室採取了屠殺政策，對找不到合適理由殺害的宗室也充滿了疑忌。因此，完顏雍雖然仕途順利，但因為他也同樣是太祖之孫，所以一直備遭猜忌。」

不僅派了奸細**監視**他，

《金史．卷六》：
「（1161年）九月，（完顏雍）至東京。副留守高存福，其女在海陵（完顏亮）後宮，海陵使存福伺起居。」

還老想找機會**幹掉**他。

《金史．卷六》：
「適以造兵器餘材造甲數十，存福宣言，留守（完顏雍）何為造甲，密使人以白海陵（完顏亮），遂與推官李彥隆托為擊球，謀不利。」

這誰**受得了**啊？

於是乎，雍喵乾脆就**反**了。

虞云國《細說宋朝》：

「完顏亮即位後對他（完顏雍）頗為猜忌……他在東京留守任上，副留守高存福就是完顏亮派來監視他的。」

「（1161年）十月八日，在舅父李石勸說下，完顏雍殺高存福，在東京遼陽發動政變，下詔廢黜完顏亮，自立為帝，改元大定。」

而恰好亮喵在前線也**領**了**便當**，

《金史．卷六》：

「（1161年）十一月己巳朔，（完顏雍）以左丞相晏兼都元帥……乙未，完顏元宜等弒海陵（完顏亮）於揚州。」

吳泰《宋朝史話》：

「『采石之戰』對已經處於困境的完顏亮是個致命的打擊……完顏亮卻氣急敗壞，強迫金軍將士冒死渡江，結果激起兵變。一些金軍將領為求生存，殺死了完顏亮。」

所以雍喵上位還挺順利的。

張博泉《金史簡編》：

「世宗即位的條件，從各方面看是成熟的。世宗本人『性仁孝，沉靜明達』。『世宗久典外郡，明禍亂之故，知吏治之得失』。在諸王中頗有聲望，也有實際的統治經驗……世宗成為當時金朝統治集團所注目和傾向的中心人物。」

但相比之下，
國家的現狀……卻是**一點都不順利**。

混
亂

李桂芝《遼金簡史》：
「金世宗自立之際，正是金自建國以來面臨的最嚴峻的時期。海陵（完顏亮）的橫徵暴斂使百姓貧困不堪，遍布全國的人民反抗鬥爭震撼著金朝並不穩定的統治基礎。」

這樣的情況下，
雍喵只能趕緊**修復國政**。

李桂芝《遼金簡史》：
「金世宗完顏雍，太祖孫，完顏亮從弟……1161年十月即位於東京，改元大定。他吸取完顏亮失敗的教訓，注意緩和社會矛盾，安定秩序，發展生產，鞏固統治。」

總的來說，
他的方法就是亮喵的**反向**操作。

我的操作
完顏亮 著
傳奇喵生
胸懷天下
封建化改革
反著來

張博泉《金史簡編》：
「（完顏雍）看到海陵（完顏亮）南侵所造成的社會不寧以及海陵慘痛失敗，致使他從海陵身上找出某些治世的教訓和藥方。這就是以海陵為鑑，端正自己，糾正海陵之失，以緩和社會諸矛盾，求得社會的相對安寧。」

在幹的工程，**停掉**！

停工！

《金史．卷六》：
「（1161年）十一月己巳朔，（完顏雍）以左丞相晏兼都元帥……壬午，詔中都轉運使左淵曰：『凡宮殿張設毋得增置，無役一夫以擾百姓，但謹圍禁，嚴出入而已。』」

在抓的壯丁，**放回**！

放回去！

《金史．卷六》：
「（大定）二年（1162年）正月戊辰朔，日有食之。伐鼓用幣，上（完顏雍）徹樂減膳，不視朝……命河北、山東、陝西等路征南步軍並放還家。」
白壽彝《中國通史》：
「海陵王（完顏亮）被殺，金軍北還，金世宗吸取海陵王窮兵黷武的教訓，將被征南侵的軍士放免還家……」

對待大臣們也是**仁慈寬厚**。

放心！有我在，大家都相親相愛！
陛下，我們之前好苦……
就是……每天都好怕怕……

虞云國《細說宋朝》：
「世宗沒有採取殺戮異己、排斥政敵的做法……紇石烈志寧與白彥敬奉完顏亮之命北上鎮壓契丹撒八起義，曾密謀進攻心蓄異志的世宗……世宗以為他們『忠於所事』，依舊信用他們。」

這麼一通操作下來，
雍喵很快**獲得**了**支持**。

虞云國《細說宋朝》：「由於世宗寬容大度，不計前嫌，完顏亮任用的一大批文武官員被世宗所爭取，統治集團高層並沒有因皇位爭奪而形成公開的反對派，實現了中央政權的平穩過渡。」

而對於和南宋的關係呢，
雍喵也是想**以和為貴**。

李錫厚、白濱《遼金西夏史》：「收編海陵王（完顏亮）的勢力，平息北方各族人民的反抗鬥爭，這是金世宗為重建和鞏固金王朝統治所採取的兩個重要步驟。此外，他還採取了第三個重要步驟，那就是中止海陵王發動的侵宋戰爭，對宋實現和解。」

可沒想到……他卻**被拒絕**了，

李錫厚、白濱《遼金西夏史》：「由於完顏亮南侵失敗，形勢變得對金不利；再加上金不得不用主要力量對付北方契丹及各族人民的反抗鬥爭，可以用於宋、金對抗的兵力極為有限。這種形勢使得南宋統治者一時間不願意實現和解。」

拒絕他的正是宋孝宗**趙昚**(ㄕㄣˋ)**喵**。

《宋史．卷三十三》：
「孝宗紹統同道冠德昭功哲文神武明聖成孝皇帝，諱昚……」

趙昚喵雖然也是**皇族**，

《宋史．卷三十三》：
「……字元永，（宋）太祖七世孫也。」

但卻**不是**皇帝那一脈的，

白壽彝《中國通史》：
「後周顯德七年（960）正月，趙匡胤（宋太祖）發動兵變，奪取後周政權，建立宋朝，但在開寶九年（976）十月，為其二弟趙光義所殺，帝位從此傳入宋太宗後裔一系。」

本來就**沒有**當皇帝的**機會**。

陳國燦、方如金《宋孝宗》：
「宋孝宗的父親趙子偁是宋太祖趙匡胤的六代後裔，宋高宗趙構的遠房堂兄……雖身為太祖六世孫，且得中進士，卻只擔任小小的嘉興縣丞。」

可是呢，皇帝剛好**兒子沒了**，

白壽彝《中國通史》：
「建炎三年（1129）二月，金軍奔襲揚州（今屬江蘇），宋高宗突受驚恐，從此喪失生育能力，再未生一男半女。同年七月，獨子趙旉又病死。」

只能在**遠房**親戚裡**挑**一個。

吳泰《宋朝史話》：
「（宋高宗）在考慮收養個宗室為子時，因為當時有金朝滅北宋的主帥斡離不面型象（像）宋太祖的傳說，一些官員又提出了宋太祖沒有失德，子孫卻如同庶民，以致金兵入侵、北宋滅亡的事，就決定在太祖支派子孫中選擇一個養子。」

這選著選著，竟然**選中了**趙昚喵！

《宋史．卷三十三》：
「及元懿太子（趙旉）薨，高宗未有後……紹興二年（1132年）五月，選帝（趙昚）育於禁中。」
陳國燦、方如金《宋孝宗》：
「作為一個已趨式微的宗室弟子（他是宋太祖趙匡胤七世孫），趙昚被宋高宗趙構選中，意外地成為皇位繼承人，實屬幸運。」

趙昚喵不僅從小**聰明懂事**，

《建炎以來朝野雜記．乙集．卷一》：
「（趙昚）自幼鞠於宮闈，嶷然不群，聰哲端重……」

讀書也很**勤奮**。

《宋史．卷三十三》：
「帝（趙昚）讀書強記，天資特異。」
陳振《宋史》：
「普安郡王趙瑗（趙昚）二十多年來，一直循規蹈矩，喜怒不形於色，終日讀書習武。」

最重要的是，

他還滿懷**收復中原**的熱血。

收復中原!!

陳國燦、方如金《宋孝宗》：「孝宗雄心勃勃，立志收復中原，中興國家，表現出與宋高宗偏安一隅、苟且偷生截然不同的蓬勃向上的進取氣勢。」

在當時，

采石之戰的勝利很大地**鼓舞**了南宋士氣。

南宋
嘿嘿！
嘿嘿！
嘿嘿！
嘿嘿！

白壽彝《中國通史》：「紹興三十一年（1161）九月，金軍渡淮南犯，兩淮很快失守。十一月的『采石之戰』，宋軍粉碎了金軍渡江的企圖，金帝完顏亮後也被部下殺死於揚州。南宋軍民抗金呼聲高漲……」

雖然也有很多大臣主張繼續**和談**，

咱們還是打不過呀！
皇上！不能打，繼續和談吧！
沒錯，陛下！

蔡美彪《中國通史》：「（1161年）完顏亮進軍到揚州，被部將殺死。金軍撤退，宋軍收復了兩淮地區。」「南宋又一次抗金大勝，也又一次面臨著抗戰還是求和的問題。和以前一樣，以高宗為首的投降派，仍然主張乘勝求和，投降派官員附和高宗……」

但趙昚喵卻**更**主張**打回去**。

《宋論．卷十一》：
「（1162年）孝宗初立，銳志以圖興復……」
何忠禮《南宋全史》：
「在南宋歷史上，孝宗（1127—1194）可以稱得上是一個有為之君。他在即位之初，銳意恢復，力圖一雪靖康之恥。他首先命張浚領導北伐戰爭……」

他**加強**了將領的**培養**，

陳國燦、方如金《宋孝宗》：
「1163年（隆興元年）正月，孝宗頒佈武臣推薦的辦法……加強對將校後備人員的鍛鍊。規定：凡通過武舉考試者，在被授予實職之前，必須事先或到部隊基層熟悉情況……儘快培養和提高他們的實際能力。」

還**提高**了武將們的**地位**，

陳國燦、方如金《宋孝宗》：
「對於那些力主抗戰的在位將領和大臣，孝宗則採取進一步提高他們的地位，加強他們原有職權的辦法。如進任長期在川峽前線率軍抗戰，且屢立戰功、聲威卓著的大將吳璘為四川宣撫使，兼陝西、河東路宣撫使和招討使。」

反正就是打算**要**金國**好看**。

軍事科學院《中國軍事通史》：
「宋孝宗即位後，一改宋高宗投降求和的政策，決意抗金，積極備戰。」

然而，事實卻並**沒有**那麼樂觀……

傅樂成《中國通史》：
「他（趙昚）即位後，銳意恢復，想一戰而雪祖宗之恥。他追復岳飛官職，並下詔中外，陳朝政缺失，一時甚有清明之望。但當時的形勢，已非昔比。」

雖然南宋軍隊此時**士氣高昂**，

軍事科學院《中國軍事通史》：
「宋孝宗即位後的舉措，使南宋軍政為之一振，大大鼓舞了宋軍的士氣。」

但能帶兵打仗的大將卻**沒幾個**。

傅樂成《中國通史》：

「自金宋媾和，秦檜專相權者十五年，忠臣良將，被他誅殺殆盡……高宗時代的大將，只剩下一個張浚……」

《宋論．卷十一》：

「宋自秦檜持權，摧折忠勇，其僅免於死亡者，循牆而走，不敢有所激揚，以徯國家他日干城之用。諸帥老死，而充將領者，皆循文法、避指摘之庸材（才）。」

虞云國《細說宋朝》：

「史浩是孝宗潛邸老師……在對金問題上，他卻是個安於現狀的主和派……」

軍事科學院《中國軍事通史》：

「史浩在朝中散佈他的和戰論：『戰與和則在彼不在此，彼戰則戰，彼和則和』，不但反對積極主動反擊金軍……張浚的抗金部署，『浩必沮撓』。」

再加上求和派大臣一直暗中**搗鬼**，

這一切都給趙昚喵帶來了重重**阻礙**。

陳國燦、方如金《宋孝宗》：

「經過短時間內一番緊鑼密鼓的內整外治，孝宗認為一切已基本安排就緒，下一步便是如何正式發兵北伐，實現恢復中原的中興大志了。但是，孝宗的勃勃舉動，一開始就遇到種種阻力。」

而與此同時，
金朝在完顏雍喵的整頓下
已經迅速**恢復**了**元氣**，

陳國燦、方如金《宋孝宗》：

「就在趙構、史浩等人極力阻撓和破壞孝宗出兵北伐準備工作的同時……金世宗完顏雍自1161年10月趁內亂奪取帝位後，全力鎮壓異己貴族的叛亂和各族人民的反抗鬥爭，革除完顏亮時期的一些弊政陋習，國內形勢迅速趨於穩定。」

重新形成了恐怖的**軍事力量**。

白壽彝《中國通史》：

「大定三年（宋隆興元年，1163），南宋以張浚為統帥興兵北伐，欲收復失地。此時金世宗已鎮壓了契丹起義，調左丞相僕散忠義、左副元帥紇石烈志寧統率重兵反擊北進的宋軍……」

可以說，北伐的結果早已非常**明顯**。

傅樂成《中國通史》：
「金自世宗登位，任用賢能，國勢甚強。因此孝宗雖然發動北伐的壯舉，卻未能取得預期的收穫。」

西元1163年，
宋軍在一個叫**符離**的地方遭到**慘敗**，

朱紹侯《中國古代史》：
「孝宗急於收復中原故土，起用徒有抗戰派虛名的張浚為樞密使，讓他主持北伐……隆興元年（1163年）在符離（安徽宿縣北符離集）被金軍打得大敗，金兵再次南下，宋軍損失慘重。」

原本高昂的士氣被**打回原點**。

傅樂成《中國通史》：
「隆興元年（1163），宋以張浚統領江淮地區諸軍，布防於淮水南北。五月，張浚遣李顯忠、邵宏淵率師攻金……大敗於符離……」
《齊東野語．卷二》：
「（1163年）顯忠、宏淵大軍並丁夫等十三萬眾，一夕大潰，器甲資糧，委棄殆盡。士卒皆奮空拳，掉臂南奔，蹂踐飢困而死者，不可勝計。」

而**主和派**借機重新占據上風，

白壽彝《中國通史》：

「(1163) 金左副元帥紇不(石)烈志寧反攻宿州……李顯忠不得已乘夜撤軍……史稱『符離之戰』。宋軍戰敗後求和派勢力抬頭，奸相秦檜的黨羽湯思退出任右相又升任左相……」

甚至**串通**金國**脅迫**趙昚喵議和。

《續資治通鑑．卷一三九》：

「(湯思退)急於和好之成，自壞邊備，罷築壽春城，散萬弩營兵，輟修海船……撤海、泗、唐、鄧之戍……」

軍事科學院《中國軍事通史》：

「(1164年)湯思退命令解散張浚所設的萬弩營，停修海船，拆除水陸防禦工事……湯思退唯恐議和不成，竟密令心腹孫造通告金朝『以重兵脅和』。」

趙昚喵雖心有不甘，

卻也只能**低頭**。

陳國燦、方如金《宋孝宗》：

「北伐大軍在符離的潰滅，對孝宗的勃勃雄心畢竟是一個沉重的打擊，儘管其內心仍強烈希望北伐能成功，但面對現實，他又不得不承認，自己的恢復大志不可能在短期內實現。到(1164年)6月初，和議之事遂重新提上議事日程。」

西元1164年，

宋金再一次**達成和議**，

《宋史．卷三十三》：

「（1164年）十一月乙酉，知楚州魏勝與金人戰，死之，州遂陷，濠州亦陷……（趙昚）遣國信所大通事王抃持周葵書如金帥府，請正皇帝號，為叔姪之國；易歲貢為歲幣，減十萬；割商、秦地……」

史稱**隆興和議**。

白壽彝《中國通史》：

「符離之戰，不僅挫折了南宋抗金派的意志，議和活動又開始進行……（趙昚）與金議和的草約中，表明不再向金稱臣，『請正皇帝號，為叔姪之國，易歲貢為歲幣，減十萬』……於隆興二年（1164）冬達成，所以史稱『隆興和議』。」

和議的簽訂使兩國重新恢復**和平**，

虞云國《細說宋朝》：

「隆興和議以後，宋金關係再度恢復正常……對宋金雙方來說，都是社會經濟發展的最好時期。」

雙方都將精力放回**對內**的治理中。

軍事科學院《中國軍事通史》：
「『隆興和議』後，宋、金雙方由激烈的軍事衝突轉向相對和平局面。但這並不意味著雙方從此化干戈為玉帛，而是各自在進行調整和積蓄力量。」

那麼北伐失敗的趙昚喵，
將會如何**治理**南宋呢？

（且聽下回分解。）

編者按

宋孝宗與金世宗都是有為之君，當時金朝軍事力量十分強大，卻經濟落後，內部動盪。南宋內部穩定，經濟發達，軍事上卻孱弱不堪。因此，無論是金朝想要統一南方，或是南宋想要恢復中原，都是不現實的。除去實力的差距，宋孝宗還面臨著巨大的心理壓力。他以宗室遠支的身分，幸運地成為皇位繼承人，養父宋高宗又在壯年之時將皇位禪讓於他，他必然會對宋高宗感激涕零、言聽計從。可高宗卻是主和派的首領，這就導致宋孝宗心存北伐之志，卻又不得不顧慮太上皇高宗的感受。高宗在背後的施壓，也是孝宗最終接受和談的原因之一。然而，孝宗的北伐願望並沒有就此熄滅，他仍在等待時機去實現心中的恢復大業，振興大宋。

完顏雍──拉麵（飾）

趙昚──水餃（飾）

參考來源：《宋史》、《金史》、《續資治通鑑》、《宋論》、《齊東野語》、《建炎以來朝野雜記》、陳振《宋史》、陳國燦和方如金《宋孝宗》、張博泉《金史簡編》、虞云國《細說宋朝》、白壽彝《中國通史》、蔡美彪《中國通史》、朱紹侯《中國古代史》、傅樂成《中國通史》、周峰《完顏亮評傳》、吳泰《宋朝史話》、李桂芝《遼金簡史》、何忠禮《南宋全史》、軍事科學院《中國軍事通史》、李錫厚和白濱《遼金西夏史》

【以身作則】

趙昚為了鼓舞將士們的鬥志，
自己也在宮裡練武，
每天騎馬射箭，
連雨天都要堅持。

【平反岳飛】

趙昚很欣賞南宋初年的大將岳飛，
他即位後不久，
就替冤死的岳飛洗刷了罪名，
還建廟用來紀念岳飛。

【騎射第一】

完顏雍精通騎射，
是當時公認的全國第一。
他每次出門打獵，
甚至有人跟著去圍觀。

拉麵小劇場

《還是幸運》

《拿他沒辦法》

拉麵

雙子座

生日：6 月 1 日

身高：180 公分

喜歡的樂器：大提琴

討厭的食物：無

（拉麵擬人介紹）

拉麵的廚房

Lamian's kitchen

第一百三十一回 ◉ 乾淳之治

南宋雖然有**半壁江山**，

軍事科學院《中國軍事通史》：
「靖康二年（1127年）五月，趙構在南京應天府即位，仍沿用大宋國號，史稱南宋，年號建炎，是為宋高宗。」
「12～13世紀在中國境內形成南宋、金南北對峙的局面。」

但……卻**窩囊**得很。

從建立開始就一直**被**金朝給**壓著**，

蔡美彪《中國通史》：
「南宋小朝廷自重建以來，面對金兵的南侵，從河南逃到江南，從江南逃入大海，不惜對金朝屈辱妥協，只求苟安江南……」

不僅要交「**保護費**」，

《續資治通鑑．卷一二四》：
「（1141年）十一月，辛丑，金都元帥宗弼遣魏良臣等還，（宋朝）許以淮水為界，歲幣銀、帛各二十五萬匹、兩；又欲割唐、鄧二州。」

還得**低聲下氣**的。

《續資治通鑑．卷一二五》：
「（1142年）簽書樞密院何鑄、知合門事曹勳進誓表於金。表曰：『臣構（宋高宗）言：今來畫疆，合以淮水中流為界，西有唐、鄧州，割屬上國……既蒙恩造，許備藩方，世世子孫，謹守臣節……』」

雖然好不容易也**硬氣**過一把，

不要太過分，告訴你！
我也是有脾氣的！
南宋

白壽彝《中國通史》：

「隆興元年（1163）三月，金朝索取被南宋占有紹興和議以外的地區及貢賦……四月，孝宗召見已任樞密使兼都督江淮東西路軍馬的張浚，商議出師北伐。五月，宋將李顯忠先後攻占靈璧、虹縣，又與邵宏淵攻占宿州。」

呃……卻**失敗**了，

啊！
南宋

白壽彝《中國通史》：

「金左副元帥紇不（石）烈志寧反攻宿州，宋主帥李顯忠率部血戰，而副帥邵巨集淵按兵不動，邵巨集淵子又率部南逃。李顯忠不得已乘夜撤軍南歸……宿州治符離縣，故此戰史稱『符離之戰』。」

最後還是得跟人家金朝**和談**。

行了，不打了。
隆興和議
算你識相。
金
南宋

白壽彝《中國通史》：

「符離之戰，不僅挫折了南宋抗金派的意志，議和活動又開始進行……和議基本上已於隆興二年（1164）冬達成，所以史稱『隆興和議』。」

《續資治通鑑．卷一三九》：

「（1164年）丙申，（宋朝）遣國信所通事王抃使金軍，並割商、秦地……世為叔姪之國，減銀絹五萬，易歲貢為歲幣而已。」

這樣的結果讓一個喵很**不甘心**！

他就是宋孝宗——**趙昚**(ㄕㄣˋ)**喵**。

《宋史．卷三十三》：

「孝宗紹統同道冠德昭功哲文神武明聖成孝皇帝，諱昚，字元永，太祖七世孫也。」

白壽彝《中國通史》：

「隆興和議雖然是宋金達成的和議中最接近於平等的和議，但畢竟不是平等的協議，何況宋孝宗的目的是收復中原恢復北宋舊疆……孝宗心中一直憤憤難平……」

趙昚喵其實是個**好皇帝**，

《宋史．卷三十五》：

「孝宗之賢，聰明英毅，卓然為南渡諸帝之稱首……」

他不僅**胸懷大志**，

收復中原

張豈之《中國歷史・隋唐遼宋金卷》：

「宋孝宗即位後，頗有一番勵精圖治、報仇雪恨之志。」

也**勤於政務**，

呀呀呀
呀呀呀

虞云國《細說宋朝》：

「孝宗仍不失為南宋最想有作為的君主……他十分勤政，以至『事無巨細，概呈御覽，情無輕重，均由聖裁』。」

每天早上就要**開大會**，

收復中原大作戰
WANTED
攻!
我說的，聽明白了嗎？
是!
是!

陳國燦、方如金《宋孝宗》：

「孝宗在政務處理上一直十分勤勞，每天都把工作排得滿滿的……一般都是早上起來上朝聽政，朝畢留下宰執大臣商談有關事務。」

晚上還把大臣叫到辦公室**開小會**。

蔡美彪《中國通史》：
「孝宗獨掌用人大權，親自處理政事，對人說：『我每天都要遊行全國一周（指處理各地文卷）。』每天早晨上朝，晚間又召大臣入宮議事……」

對百姓的事更是**非常在意**，

《宋史全文．卷二十三下》：
「壽皇（趙昚）即位未三月，內出寬恤十八事，凡民情之疾苦，纖悉委曲，無不周知……可謂憂民之憂矣。」

有時候甚至連**耕牛**多少都要搞清楚。

陳國燦、方如金《宋孝宗》：
「孝宗不僅一再督促臣下要勤於職事，他自己也是以身作則，躬勤政務。每天除了上朝聽政、批閱奏章、召見大臣等……甚至於某州某縣的水利興修，某地耕牛的多寡，某路糧食產量的高低等等，孝宗常也要直接過問。」

而身為皇帝的他對自己卻很**節儉**，

《皇宋中興兩朝聖政．卷四十八》：

「（1170年）校書郎蕭國梁論漢武帝承富庶之後，而有虛耗之弊……上（趙昚）曰：『不獨漢武帝為然，自古人君，當艱難之運，未有不節儉，當承平之後，未有不奢侈。朕他無所為，止得節儉。』」

除了喜歡看**看書**、寫**寫字**，

《皇宋中興兩朝聖政．卷五十》：

「（1171年）輔臣奏：『陛下（趙昚）不以萬乘為樂，而以中原為憂，早朝晏罷，焦勞如此，誠古帝王所不及。』上曰：『朕無他嗜好，或得暇，惟書字為娛爾。』」

對其他**世俗**的東西……

似乎**沒**啥**興趣**。

何忠禮《南宋全史》：

「孝宗在位期間，特別是在他的前期，自奉較儉，既無大的興作，也無特別嗜好。」

不過……他倒是對一件事很**執著**，

這就是**收復中原**。

虞云國《細說宋朝》：

「隆興元年（1163年）四月，為了防止主和派的反對，孝宗繞過三省與樞密院，直接向張浚和諸將下達北伐的詔令。高宗聞訊，急召孝宗企圖迫使他收回成命，孝宗沉默不語表示拒絕。」

可惜……

隆興**北伐**的**失敗**給了他一記**耳光**，

陳振《宋史》：
「（1162年）宋高宗傳位於孝宗，帝系從此轉入太祖一系。孝宗時，北伐攻金，師敗於宿州，宋金訂立『隆興和議』。」
何忠禮《宋代政治史》：
「『隆興和議』的簽訂，意味著孝宗渴望恢復中原的目的遭到破滅，對此他一直憤憤不平。」

太**慘**了……

幸好，趙昚喵並**沒有**因此**消沉**，

陳國燦、方如金《宋孝宗》：
「北伐的失敗，和議的被迫簽訂，以及隨之出現的內政上的嚴峻局面，使孝宗接連遭到內外兩方面的挫折。但他並不甘心就此消沉下去……」

他決定搞好**內政**，提升**國力**！

陳國燦、方如金《宋孝宗》：「對於和約，他（趙昚）並不甘心……他又不得不承認，在當時的情況下，要想迅速改變和約，絕非易事。只有先搞好內政，釐清積弊，充實國力，加強軍備，才有可能實現自己心中的恢復大志。」

呃……那在**當時**的局勢下，

南宋情況是**怎樣**的呢？

是**不太行**的……

陳國燦、方如金《宋孝宗》：「即位沒多久，他（趙昚）便發現，事實遠非自己所想像的那麼簡單……趙構留給他的完全是一個在外和戰不定，邊境不寧，將庸兵弱，守備鬆弛；在內政治黑暗，吏治腐敗，士風日下，國弱民貧，人心不穩的爛攤子。」

首先是**錢**的問題，

宋朝為了**防止**官員權力過大，
於是就設置了**很多官員**，

白鋼《中國政治制度通史》：
「從（宋）太祖開始，用設官分職、分割各級長官事權的辦法，將權力集中於皇帝，削弱了各級長官的權力。」
虞云國《細說宋朝》：
「宋朝為達到權力分散的目的，官僚機構牽制重疊，『事即依舊公事，人即加倍添人』……」

這個傳統就**延續**到了南宋。

何忠禮《南宋全史》：
「南宋初年統治集團的主要成員，幾乎全是北宋末年的官員……南宋的基本國策完全沿襲北宋而來……」

而南宋為了在南方能**站穩**，
更是不斷**增加崗位**。

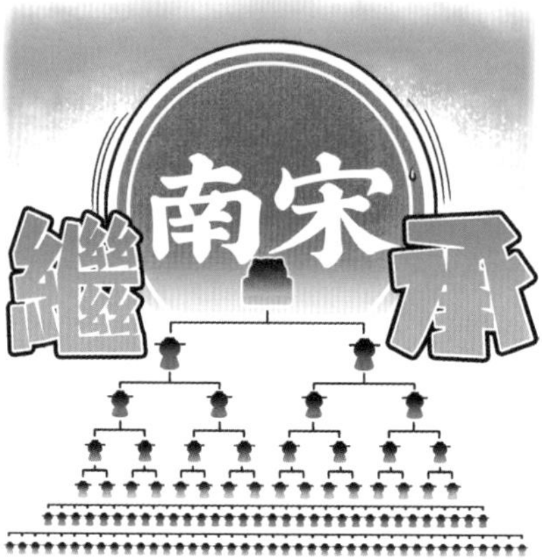

陳國燦、方如金《宋孝宗》：
「宋高宗趙構南渡以後，為籠絡廣大士人之心，鞏固自己的統治，極力『廣施厚恩』，擴大官僚隊伍，提高官員待遇。」

官員的親屬們還可以**靠關係**當官，

張豈之《中國歷史．隋唐遼宋金卷》：
「宋承舊制，中高級文武官員按品階高低，其子孫、本宗及異姓親屬、門客皆可補官。」
《宋史．卷一五九》：
「高宗中興，重定《補蔭法》……（紹興）二十二年（1152年），以武臣多出軍中，爵秩高而族姓少，凡有薦奏，同姓皆期功，異姓皆中表，閭巷之徒附會以進。」

這樣搞下來，
南宋雖然**國土**只有原來宋朝的**三分之二**，

陳國燦、方如金《宋孝宗》：
「南宋小朝廷雖居東南一隅，轄域僅及北宋的68%。」

官員卻比原來多**好幾倍**……

陳國燦、方如金《宋孝宗》：

「參知政事乃執政重職，北宋初年設立此職時，對任職者要求極嚴，人數很少。太祖趙匡胤在位17年，被授予此職者僅4人……到高宗時，36年中出任此職的達48人……孝宗即位後，這積弊並沒有改變。」

這可是都要**發工資**的呀……

陳國燦、方如金《宋孝宗》：

「官吏的俸祿及相關費用是南宋政府的一大支出，而冗官冗吏的氾濫使得這方面的開支一直呈增長趨勢。」

再加上跟金國**打仗**的**軍費**，

吳泰《宋朝史話》：

「南宋小朝廷一建立，就藉口抗金的需要，巧立各種名目搜刮民脂民膏……」

軍事科學院《中國軍事通史》：

「南宋軍費在國家財政收入中所占比重甚大……紹興三十二年（1162年），殿中侍御史吳芾說：『大農每歲養兵之費十之九。』」

皇親貴族**享樂**的**花銷**，

嘿嘿！
嘿嘿嘿！
嘿嘿！

何忠禮《南宋全史》：

「（宋）高宗晚年，極山水之娛，四時玩賞，殆無虛日……自己也承認『但頻頻出去，不惟費用，又且勞動多人』。」「南宋統治集團中的許多官員，也依靠帝王濫賞和剝削所得，揮金如土，過著花天酒地的生活。」

簡直是**天文數字**。

南宋

陳國燦、方如金《宋孝宗》：

「南宋王朝自南下定都臨安以來，財政上一直十分困難……各種支出的增長速度更快，國庫始終處於入不敷出的狀態。」

《建炎以來朝野雜記．甲集．卷十七》：

「乾道初，孝宗嘗記戶部歲入之數，較之歲用，但闕三百萬緡……」

為了這些開銷，

南宋政府不斷**剝削百姓**，

快交稅！
我真的沒錢啦！
哈哈哈！
求求你，別拿走！

朱紹侯《中國古代史》：

「南宋政府為了應付龐大的軍費開支和供統治者的各種糜費，加緊對人民的搜刮。」

翦伯贊《中國史綱要》：

「南宋初年的最高統治集團……對於國內的納稅戶，總是以大敵當前為藉口，向他們進行苛酷的壓榨：夏秋兩稅，身丁錢米……增加了五倍至七倍。」

搞得全國各地到處**揭竿而起**。

吳泰《宋朝史話》：
「在南宋的腐朽統治下，廣大農民始終處在水深火熱的困境，因此，階級鬥爭從一開始就十分劇烈。在南宋初年，湖南、江西、福建等南方廣大地區，就燃燒起熊熊的農民起義烈火。」

真是……**難搞**啊……

為此，趙昚喵開始**整頓**這種財政**困境**。

陳國燦、方如金《宋孝宗》：
「乾道年間，孝宗在克服了即位初年那種急躁冒進的簡單化傾向後，開始把發展經濟視為實現中興大業的一部分。」

宮殿**不准修**，

《宋史．卷三十三》：「（1166年）五月戊申，張燾薨……癸丑，太白晝見，經天。禁浙西修築圍田。（趙昚）罷修建康行宮。」

宮廷樂隊**不准留**。

陳國燦、方如金《宋孝宗》：「自古以來，歷代都設有專門的御用歌舞伎樂機構，稱為教坊……孝宗對歌舞興趣不大，且一直以為沉湎歌舞，極易使人怠情喪志。因此，即位不久，他便下令撤銷教坊，遣散藝伎。」

官員嘛，

更是**炒炒炒**！

陳國燦、方如金《宋孝宗》：
「孝宗要整頓吏治，必然涉及到冗官問題……1162年（紹興三十二年）12月，他下令重新調整宮內侍從和外朝文武官員的人數……」

只要閒著不幹事的全都**下崗**，

陳國燦、方如金《宋孝宗》：
「……裁減部分散官閒職。次年7月，他又決定精簡朝廷各部門的屬吏人數。」

留下來的那些還得進行**政績考核**。

《續資治通鑑．卷一三九》：
「（1165年）辛酉，中書舍人洪適進仁宗久任許元故事。帝（趙昚）曰：『洪適所進故事，切當今日之弊。今後非因昏懦不職，不得遽有遷易。其興利除害，績用修舉，並依故事旌擢顯用。』」

官員們定期要到**基層**去**歷練**，

《續資治通鑑．卷一三九》：
「（1165年）庚午，（趙昚）詔曰：『館職所以招延天下之英俊，以待顯擢，苟不親吏事，知民情，則將來何以備公卿之任！今後更迭補外，歷試而出，以稱朕樂育真才之意。』」

如果沒幹出實事來就**休想升官**！

《宋史．卷一六〇》：
「乾道二年（1166年），廷臣上言：『國朝盛時，有京朝官考課，有幕職、州縣官考課……中書或兩制臣僚校其能否，以施賞罰。望遵故事……其風績有聞者，優與增秩；所蒞無狀者，罰之無赦……』帝（趙昚）乃命經筵官參照累朝考課之法，講而行之。」

這些操作下來，

政府不僅**減少**了**支出**，

《圖說歷史》編委會《一讀就懂的中國史．兩宋》：
「隆興北伐失敗後，宋孝宗趙昚開始轉而全面治理國內……裁減冗官，精簡機構，以減少朝政府財政負擔。」

還**提高**了官員隊伍的**效率**和**能力**。

金國正《南宋孝宗詞壇研究》：
「孝宗嚴於吏治，刪減了一批冗官，規定了嚴格的考核制度，在一定程度上保證了官僚機構的效率。」

當然，國家要興盛還是得**賺小錢錢**。

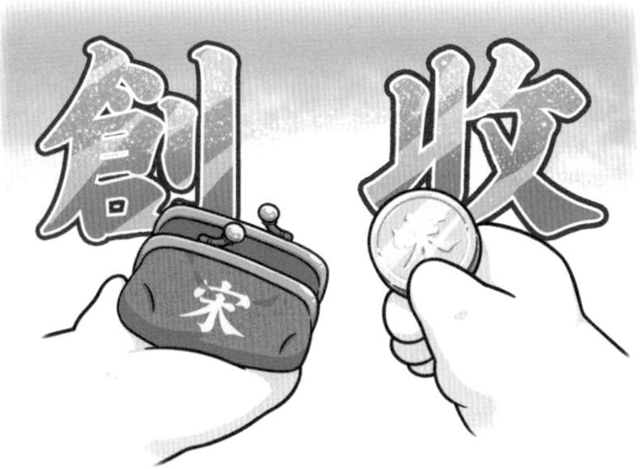

陳國燦、方如金《宋孝宗》：
「孝宗對社會經濟的發展一直十分重視。在他看來，只有發展經濟，才能穩定民心，提高國力，改變長期以來積貧積弱狀態，為中興大業的實現奠定扎實的基礎。」

農業時代**種田**是根本，

陳國燦、方如金《宋孝宗》：「孝宗大力宣導重農之風，強調『農事乃國之根本』，農不舉則國不穩，要求各級官員把發展農業放在工作首位。」

趙昚喵不僅大力興修**水利工程**，

白壽彝《中國通史》：「宋孝宗經常督促地方官興修水利，『勉農桑，盡地利』，指出『水利不修，失所以為旱備』，而且注重水利的實效。」

還將農業發展當作**考核**官員的**標準**，

《宋史．卷一六〇》：
「隆興元年（1163年），（趙昚）命湖南、北路應守令增辟田疇，自一千頃以下轉磨勘有差，虧者展磨勘、降名次。二年，詔淮南、川陝、京西邊郡守令，能安輯流亡、勸課農桑首就緒者，本道監司以聞。」

他自己就在宮裡
搞了塊「**試驗田**」試種糧食。

《續資治通鑑．卷一四八》：
「（1181年）甲子，范成大進上元縣所種二麥……帝（趙昚）曰：『此間人亦不知，已令宮中種試矣。』」「（1182年）內出正月所種春麥，並秀實堅好，與八九月所種無異。詔降付兩浙、淮南、江東、西漕臣，勸民布種。」

此外，趙昚喵多次**廢除**苛捐雜稅，

《宋史．卷三十三》：
「（1165年）二月庚辰朔，（趙昚）朝德壽宮……甲辰，以久雨，避殿減膳，蠲兩淮災傷州縣身丁錢絹……」
《宋史．卷三十四》：
「（1168年）三月庚午，以敷文閣待制晁公武為四川安撫制置使……庚寅，（趙昚）蠲楚州壯丁、社民稅役。」

遇到天災了，

還會把自己的**私房錢**拿出來**救濟**喵民。

陳國燦、方如金《宋孝宗》：

「內庫、封樁庫是南宋皇帝直接掌握的個人財庫……孝宗即位後，恭儉寡欲，支出不多，不僅沒有挪用戶部收入，反而每遇各地遭水旱災害，都要從內庫中撥出大量錢物賑濟災民。」

在他不斷努力之下，

南宋面貌**煥然一新**，

政治清明，

陳振《宋史》：

「孝宗在位時，注意吏治，慎選官員，懲治腐敗，形成了良好的政治風氣，是南宋政治最清明的時期……」

經濟也逐漸**繁榮**起來。

陳振《宋史》：
「孝宗關心民間疾苦，輕徭薄賦，興修水利，改善紙幣流通狀況，關注學術自由，其在位時期也是南宋經濟文化最繁榮的時期。」

南宋就此邁入**全盛**時期，

白壽彝《中國通史》：
「宋孝宗在位期間，政治清明、社會穩定、經濟繁榮、文化昌盛，史稱為『卓然為南渡諸帝之稱首』。宋孝宗是南宋名副其實的中興之主。」

史稱「**乾淳之治**」。

呂思勉《白話本國史》：
「宋孝宗趙昚（1127—1194），初名伯琮，後改名瑗，賜名瑋，字元永，南宋第2位皇帝。孝宗治國有方，使南宋出現了『乾淳之治』的小康局面。」

然而就在這時，
北方的草原上誕生了**一顆新星**。

張豈之《中國歷史．元明清卷》：「……的出現，結束了北方草原諸部爭雄的混亂格局……於約 1189 年被一些乞顏氏貴族和異姓侍從擁立為汗。」

他的出現，
又將會對**天下**局勢產生什麼**影響**呢？

（且聽下回分解。）

編者按

宋孝宗被史學家譽為「南渡諸帝之稱首」。他在位期間，政治清明，人口增長，經濟繁榮。文化上，理學、心學、蜀學等學派蓬勃發展，人才輩出，理學大師朱熹也是活躍於這一時代，而朱熹的理學思想正是我國封建時代後期的官方正統思想。總的來說，趙昚實現了提升國力的願望。

然而，他的另一個願望——收復中原卻始終無法實現，除了缺乏軍事人才之外，對手金朝也十分強大。與他同時在位的金世宗完顏雍被稱作「小堯舜」，是金朝不可多得的明君，通過他的努力，金朝實現了「大定之治」。因此，南宋和金朝都處於鼎盛狀態，實力的均衡使得它們誰也無法消滅誰，需要一股新勢力的出現才能打破這一僵局。

趙昚——水餃（飾）

參考來源：《宋史》、《宋史全文》、《續資治通鑑》、《建炎以來朝野雜記》、《皇宋中興兩朝聖政》、陳振《宋史》、陳國燦和方如金《宋孝宗》、吳泰《宋朝史話》、白壽彝《中國通史》、何忠禮《南宋全史》以及《宋代政治史》、呂思勉《白話本國史》、朱紹侯《中國古代史》、翦伯贊《中國史綱要》、軍事科學院《中國軍事通史》、蔡美彪《中國通史》、虞云國《細說宋朝》、張豈之《中國歷史 · 隋唐遼宋金卷》以及《中國歷史 · 元明清卷》、白鋼《中國政治制度通史》、金國正《南宋孝宗詞壇研究》、《圖說歷史》編委會《一讀就懂的中國史 · 兩宋》

附錄

【有錢不花】

由於趙昚很節儉，
攢下的私房錢多到用不完。
他金庫裡有很多銅錢放得太久，
連串錢的繩子都爛掉了。

【隨時健身】

趙昚為了隨時鍛鍊身體，
隨身帶著一根鐵做的拐杖，
平時得兩個人才能扛得動。

【最佳孝子】

趙昚對養父宋高宗很孝順。
高宗生病時，他親自伺候。
高宗死後，
他傷心得連皇帝都不想當，
很快傳位給了兒子。

百群喵檔案

水餃小劇場

《仗義》

救命啊！
這道題實在不懂啊，誰來幫幫我！
麻花！我來了！讓我看看！
水餃！
・・・・・・
救命啊！這道題實在不懂，誰來救救麻花！

《實誠》

油條！說好去我家複習功課，怎麼又跑出來踢球了？
豆花別生氣，其實是我拉油條出來的！
好兄弟！
呃……
騙我的吧！
是的。

水餃

白羊座

生日：4月1日

身高：177 公分

喜歡的樂器：笛子

討厭的食物：青椒

（水餃擬人介紹）

水餃的廚房

Shuijiao's kitchen

第一百三十二回 ◉ 一代天驕

西元12世紀的**華夏**大地上，
金和南宋**對峙**而立。

白鋼《中國政治制度通史》：
「12世紀末、13世紀初的中國，是多種政權並存的時期。由女真族建立的金朝，先後滅掉遼、北宋，統治了中原及其以北的廣大地區，是當時力量最強大的國家。南宋政權偏安江左，以淮水為界，與金對峙，雙方時戰時和。」

在經歷了隆興和議之後，
雙方進入了相對**穩定**的**發展**階段。

傅樂成《中國通史》：
「隆興元年（1163），宋以張浚統領江淮地區諸軍……金人再度遣兵渡淮，連陷要地……朝無重臣，人情驚駭，孝宗乃決意請和。同年，和議告成……」
虞云國《細說宋朝》：
「隆興和議以後，宋金關係再度恢復正常……四十年間，對宋金雙方來說，都是社會經濟發展的最好時期。」

然而，
在遙遠的**漠北草原**上卻硝煙不斷。

周良霄、顧菊英《元史》：
「12世紀的蒙古草原上，諸部並立，不相統屬。草原貴族集團之間，攻戰殺伐，略無寧日。」
韓儒林《元史講座》：
「漠北草原也被人們稱為蒙古草原。」

在那裡有**五個**部族，

朱紹侯《中國古代史》：
「公元12世紀，漠北有五個勢力最強的兀魯思（ulus，汗國領地）。塔塔兒占據呼倫貝爾湖地區；蒙古占據鄂嫩河和克魯倫河中上游；克烈占據漠北中心……篾（蔑）兒乞占據薛良格河（色楞格河）和斡耳寒河下游；乃蠻控制著阿爾泰山東西。」

他們之間互相**爭鬥**，**對抗**激烈。

朱紹侯《中國古代史》：
「整個12世紀，漠北各部一直處於激烈的互相爭戰之中。不僅部與部之間，就是在同一部內的各家貴族之間也展開了極為激烈的爭奪。他們鬥爭的目的，都在於財富、牧地、牧民和屬民。」

這個局面除了因為各部族間不斷戰爭外，
還有**另一個**原因，

這就是**金朝**的**挑撥**。

邱樹森《元朝史話》：
「金朝統治者為了防止蒙古的強大和侵擾內地，採取了挑撥蒙古各部關係、使之互相殘殺……聯合蒙古、克烈部去攻打塔塔兒部，使蒙古各部之間本來就存在的血族復仇戰爭，連續不斷地打下去。」

在金朝的干涉下，

草原各部遭受著**戰爭**和**掠奪**的雙重災難。

朱耀廷《成吉思汗傳》：

「成吉思汗誕生前蒙古草原的基本狀況，它有兩個主要特點：一是部落林立，水平不一，爭戰連年；二是金朝對草原各部軟硬兼施，分化瓦解，瘋狂掠奪，殘酷鎮壓。」

統一草原、擺脫殘酷統治，

成了草原喵民們的**共同願望**。

朱耀廷《成吉思汗傳》：

「由此引出了兩種歷史趨勢，一是草原人民厭惡戰亂、要求統一蒙古草原；二是草原各部人民要求擺脫金朝的民族掠奪和民族壓迫，自己充當草原的主人。」

這樣的時代背景下，

一個**領袖**登上了歷史舞台。

朱耀廷《成吉思汗傳》：

「蒙古草原各族人民痛恨金朝的民族壓迫政策，各部族的統治者也要求解除這種壓迫。正是這種民族壓迫和幾代冤仇導致了草原內外的長期征戰，孕育了以征戰為主要生活內容的一代天驕。」

他就是**孛(ㄅㄛˊ)兒只斤．鐵木真喵**！

《元史．卷一》：
「太祖法天啓運聖武皇帝，諱鐵木真，姓奇渥溫（孛兒只斤）氏……」

鐵木真喵是草原五部中**蒙古部**的成員，

張豈之《中國歷史．元明清卷》：
「鐵木真，是蒙古乞顏孛兒只斤氏貴族，葛不律汗曾孫，也速該之子……」

曾祖父、祖父、父親都是**首領**。

《元史．卷一》：
「葛不律寒（汗）殁，子八哩丹嗣。八哩丹殁，子也速該嗣，併吞諸部落，勢愈盛大。」
軍事科學院《中國軍事通史》：
「鐵木真生於公元 1162 年。他的父親也速該驍勇善戰……蒙古各氏族都由也速該掌管。」

不過他們部……

是五部族裡**最弱**的那個……

白壽彝《中國通史》：

「與塔塔兒、克烈、乃蠻等部比起來，蒙古部興起較晚，勢力也較小。」

鐵木真喵出生時非常**炫酷**，

《新元史．卷二》：

「太祖法天啓運聖武皇帝，諱帖木真（鐵木真），烈祖長子也。母曰宣懿皇后訶額倫……太祖生時，右手握凝血如赤石，面目有光。」

據說手中握著一塊**長矛形**的**血塊**。

朱耀廷《成吉思汗傳》：

「據《元史》記載，這個男孩（鐵木真）出生時『手握凝血如赤石』……蒙古族民間傳說則說：『孩子的右手裡，攥著一塊堅硬的血餅，像『蘇魯錠』的形狀一樣。』『蘇魯錠』形似長矛……」

有點蒙古**戰神轉世**的感覺！

朱耀廷《成吉思汗傳》：

「……是蒙古族戰神的象徵。」

然而，鐵木真的成長經歷卻十分**坎坷**。

九歲他爹就**死了**，

朱紹侯《中國古代史》：

「鐵木真9歲時，其父也速該被塔塔兒人毒死……」

他受盡了部族的**背叛**和**欺負**。

《新元史．卷二》：

「（1170年）烈祖（也速該）崩，部眾多叛附泰亦赤兀。宗人最長者曰脫端火兒真，欲叛去……曰：『深池已涸，堅石已裂，留復何為！』卒不顧而去。」

「及帝（鐵木真）稍長，泰亦赤兀人忌之。一日，其酋率部眾奄至。帝入帖兒古捏山，為邏者所獲，乘間逸去。」

《新元史．卷一〇四》：

「烈祖宣懿皇后斡勒忽訥氏，諱訶額倫……生四子，為太祖（鐵木真）及合撒兒、哈准、斡赤斤，一女，為帖木倫公主。」

內蒙古社科院歷史所《蒙古族通史》：

「鐵木真9歲（亦說13歲）時，其父被塔塔兒人所害……鐵木真家裡只留下一個家僕，家產幾乎被洗劫一空……母親訶額倫夫人靠拾果子、挖掘野菜，養活自己的兒子們。」

靠著母親**摘野果**、**挖野菜**，
才勉強養活他和兄弟姐妹們。

這對於年幼的鐵木真喵來說，
是非常**艱苦**的經歷。

白鋼《中國政治制度通史》：

「鐵木真（1162—1227）出身於蒙古部孛兒只斤氏族，他的祖先世代充當蒙古部首領。9歲時，父親被仇敵害死，部眾離散，家道中衰，生活艱困。鐵木真自己曾不斷為仇敵追逐流亡，甚至一度成為俘虜……」

而也正因如此，
鐵木真喵逐漸養成了**勇於鬥爭**的性格。

內蒙古社科院歷史所《蒙古族通史》：「鐵木真是在艱苦環境中長大成人的，而艱苦的環境，又鍛鍊了他的意志，培養了勇敢無畏的鬥爭精神……」

他決心要**振興家族**！

內蒙古社科院歷史所《蒙古族通史》：「……加之母親的教育，使他堅定了恢復祖業的決心和豐富了應付複雜環境的謀略。」

隨著一次次的苦難，
鐵木真喵在戰鬥中不斷**磨鍊**自己。

朱耀廷《成吉思汗傳》：「鐵木真從少年時代起，就不斷經受種種患難：父親被毒害，畜群被奪走，部眾和奴隸紛紛背離……鐵木真的遭遇孕育了他改造現狀的思想，也磨鍊了他的堅強意志……」

而他也憑借著家族聲望和自己的能力，

逐漸**積累**了一些**力量**。

周良霄、顧菊英《元史》：「鐵木真和他的兄弟們已長大成人。憑借著父祖的名望，他個人的傑出才智，以及弟哈（合）撒兒、別里古台的驍勇，鐵木真開始逐步蓄積力量，以期重振家業。」

但……這是遠遠**不夠**的，

邱樹森《元朝史話》：「（1180年）鐵木真決心恢復他父親也速該時的勢力……不料這時又遇到蔑兒乞人的襲擊，在倉促逃命時，鐵木真連他的妻子也來不及帶走，使她成了蔑兒乞人的俘虜。」

他知道必須尋求更強大的**靠山**。

邱樹森《元朝史話》：「遭到一連串挫折的鐵木真，逐漸懂得了鬥爭策略。他知道單憑自己幾個人的力量是不能打敗敵人的，只有利用蒙古各部之間的矛盾，取得一些部落奴隸主的支持，才能壯大自己的力量，打敗自己的敵人。」

而這個靠山便是**克烈部族**的首領，

王罕喵！

軍事科學院《中國軍事通史》：

「（1180年）鐵木真為重振家業，首先求得了克烈部首領王罕的庇護……」

韓儒林《元朝史》：

「王罕與成吉思汗（鐵木真）的父親也速該同輩，在成吉思汗出生前後，他就已經是強大的克烈部首領了。」

王罕喵是鐵木真喵**爸爸**的**結拜兄弟**，

《元史．卷一》：

「汪罕（王罕）名脫里……菊兒罕帥（率）兵與汪罕戰，逼於哈剌溫隘，敗之，僅以百餘騎脫走，奔於烈祖（也速該）。烈祖親將兵逐菊兒罕走西夏，復奪部眾歸汪罕。汪罕德之，遂相與盟，稱為按答。按答，華言交物之友也。」

在他的庇(ㄅㄧˋ)蔭下，

鐵木真喵終於**站穩**了**腳跟**，

朱紹侯《中國古代史》：

「鐵木真17歲時，與弘吉剌部首領德薛禪的女兒孛兒帖結婚。後來他拜汪罕（王罕）為父，並臣服於汪罕，這是他事業的轉折點，在汪罕的支持下，他屢次戰勝強敵，轉危為安，勢力一天天強大起來。」

且**打敗**了曾經的**仇敵**。

白壽彝《中國通史》：

「（1180）三姓蔑兒乞人來襲，搶去他（鐵木真）的妻子、家人，他請求脫里（王罕）和蒙古札只剌部貴族札木合幫助，共同起兵攻打蔑兒乞，大獲全勝……戰爭大約發生在1180至1184年之間。」

而與此同時，

鐵木真喵也通過自己超凡的**戰鬥才能**，

為王罕喵**開疆拓土**。

白壽彝《中國通史》：

「1200年，鐵木真會同王罕進攻泰赤烏……接著又隨從王罕進兵呼倫貝爾草原，攻打合答斤、散只兀、朵兒邊、塔塔兒、弘吉剌等部……」

在這期間，
鐵木真喵更是**整合**了自己**原有**的**部族**，

軍事科學院《中國軍事通史》：

「（1180年）鐵木真被迫投靠勢力強大的克烈部部主脫里汗（王罕），又與蒙古部中的札只剌（又譯札答闌）氏首領札木合結拜為兄弟。在此二人的幫助下，鐵木真漸漸收復部眾，重建以本家族為核心的統治集團。」

還**建立**了屬於自己的**強悍部隊**，

白壽彝《中國通史》：

「（1189）鐵木真經乞顏氏貴族會議推舉為汗後，立即建立了自己的護衛組織，命親信那可兒博爾朮、弟合撒兒、別里古台等為長，分設了帶弓箭的、帶刀的……十種職務，都命其親信那可兒擔任，組成了一支隸屬於自己的精悍隊伍。」

最終成為了草原上崛起的**強大勢力**。

朱耀廷《成吉思汗傳》：

「1201—1202年的幾場大戰使蒙古草原的形勢發生了重大轉折……鐵木真占據了東方各部的牧場……部眾和牛羊馬群都大大增加了，人力和物力都今非昔比了，這就為他進一步統一蒙古草原準備了充分的條件。」

然而，鐵木真喵的強大**並沒有**讓他**避免背叛**，

而這次的**背叛者**正是王罕喵。

內蒙古社科院歷史所《蒙古族通史》：
「1202年，成吉思汗（鐵木真）曾向王汗（王罕）提出結親的要求……年事已高的王汗見諸子無能，深怕自己死後，政權落入成吉思汗之手，因此，對成吉思汗逐漸產生敵意，並密謀加以暗害。」

長期以來，
鐵木真喵一直對他非常**尊重**，

《新元史．卷一一八》：
「太祖（鐵木真）既壯，娶皇后孛而台（孛兒帖），新婦覲訶額侖（倫）太后，以思貂裘為贄。太祖用其贄以謁王罕於哈喇屯，王罕大悅，溫言撫慰，許為收集舊部……太祖尊之如父……」

不僅每次**戰利品**都先**獻**給他，

韓儒林《元朝史》：
「從一一八九年鐵木真被推舉為乞顏氏首領以來，一直與王罕結盟，巧妙地憑托克烈部的勢力來壯大自己。他對王罕也可說是恪守臣子之職，凡有虜獲，必先貢獻給這位『汗父』。」

他有困難，鐵木真喵則**出手相救**。

《新元史．卷一一八》：
「（1196年）王罕弟額兒格喀剌以乃蠻兵攻王罕，王罕奔西遼……太祖（鐵木真）往迎之。令各部分以牛羊，宴王罕於圖而阿河濱。遂與王罕合兵攻布而斤，又合攻蔑而（兒）乞，太祖分所獲於王罕。」

可**王罕喵**呢？

有好處**沒見**他**分**給鐵木真喵，

《元史．卷一》：

「（1198年）帝（鐵木真）伐蔑里（兒）乞部，與其部長脫脫戰於莫那察山，遂掠其資財、田禾，以遺汪（王）罕……汪罕自以其勢足以有為，不告於帝，獨率兵復攻蔑里乞部……大掠而還，於帝一無所遺……」

打仗的時候還**獨自跑路**，

《新元史．卷一一八》：

「金承安四年（1199年），（王罕）又與太祖（鐵木真）合攻乃蠻，乃蠻不亦魯黑罕奔於謙謙州，其部將可克薛兀撒卜剌黑不援，戰竟日，勝負未決，王罕夜爇火於原，清移其眾以去。太祖不得已，亦退至撒里罕哈兒之地。」

最後還是得**鐵木真喵**來**救**他。

《新元史．卷一一八》：

「可克薛兀撒卜剌黑追王罕，遇其弟必而嗄、札合敢不，獲二人之妻子，又入客烈亦界搭而都阿馬合拉之地，大掠。王罕使其子伊而克桑昆御之，又乞援於太祖（鐵木真）……太祖遣四人赴援。」

可即便如此，

王罕喵始終只是把鐵木真喵當成一個**工具**。

韓儒林《元朝史》：

「王罕的勢力無疑是最大的，但他卻沒有能成為完成統一的人物……當初他支持鐵木真，只是把鐵木真看做可供利用的附庸。」

他**不允許**鐵木真喵**壯大**起來，

白壽彝《中國通史》：

「長期以來，鐵木真一直臣事王罕，追隨他東征西討，巧妙地依託著克烈的勢力來壯大自己……鐵木真的勢力日益壯大，引起王罕及其子亦剌合鮮昆的疑忌，札木合、按彈等蒙古部貴族也力勸王罕除掉他。」

為此，王罕喵**勾結**其他部族打算**消滅**鐵木真喵。

韓儒林《元朝史》：

「札木合與因違令受責的阿勒壇、忽察兒等蒙古貴族都投到王罕一邊……一二〇三年春，王罕父子和依附他們的蒙古貴族計議：偽許婚約，請鐵木真赴宴，乘機殺之。」

你要知道，
王罕喵部族可是草原上**最大**的部族。

張豈之《中國歷史．元明清卷》：
「克烈是遼金時期漠北最強大的游牧部落，活動於蒙古部之西、漠北草原中部……」

勢力的懸殊讓鐵木真喵**陷入苦戰**，

白壽彝《中國通史》：
「1203年春，王罕父子計議偽許婚約，邀鐵木真來飲『布渾察兒』(buquljar，定婚宴)，乘機謀害……鐵木真雖經反復苦戰，終因寡不敵眾，退到哈拉哈河旁的建忒該山整頓敗散軍馬……」

幸好……他並沒有硬碰硬，
而是採取**離間**的計謀。

王罕喵的聯盟雖然有共同目標，

可……**並不牢固**。

周良霄、顧菊英《元史》：

「1203年春，阿勒壇、忽察兒等齊會於桑昆處，密商偷襲鐵木真，這個計劃最後也得到了王罕的同意。」

朱耀廷《成吉思汗傳》：

「札木合、阿勒壇、忽察兒等與鐵木真矛盾較深……塔孩忽剌海等原來就是鐵木真的同族人，這時則動搖於王罕與鐵木真之間，他們也對王罕不滿。」

朱耀廷《成吉思汗傳》：

「鐵木真的使者速客該者溫乘機進行活動，暗中與他們聯繫，準備殺死王罕，自成體系。」

蔡美彪《中國通史》：

「一二〇三年春天，桑昆等率領部眾突然包圍帖木真（鐵木真）於金界壕附近的駐地。帖木真率領他的護衛軍倉促應戰……後來帖木真又轉移到班朱尼湖邊……立足後，便派遣使者向王罕求和……」

於是鐵木真喵便依次去**分化**他們，

一頓操作下來，

裂痕很快就出現了。

蔡美彪《中國通史》：

「王罕許和。札木合和阿勒壇、忽察兒等蒙古貴族大為失望，策劃謀害王罕，奪取克烈部眾。王罕發覺了這個陰謀，首先發動進攻。札木合、阿勒壇、忽察兒等率領部眾投奔了乃蠻。王罕在戰勝帖木真（鐵木真）後，卻極大地削弱了自己。」

這可就給了鐵木真喵**機會**了。

朱耀廷《成吉思汗傳》：
「1203年秋，鐵木真的屬民、百姓陸續集結到呼倫貝爾草原……（鐵木真）派合撒兒的兩個親信做使者，假裝合撒兒想投降王罕，實際上是去刺探軍情，瞭解王罕的動向。」

在某個夜裡，
鐵木真喵**突襲**王罕喵軍營。

朱耀廷《成吉思汗傳》：
「合里兀答兒、察忽兒罕向鐵木真彙報了王罕的動向，鐵木真立即『派那兩個使者走在前面做嚮導』……連夜進襲王罕的金帳，乘他大擺宴席時，殺他個措手不及。」

來不及反應的王罕喵只能乖乖**領便當**……

《新元史・卷二》：
「（1203年）秋，帝（鐵木真）將攻王罕，遣合薩（撒）兒偽請降。王罕信之，不設備。帝晝夜兼進，襲王罕於徹徹爾溫都爾，盡俘其眾。王罕父子走死。」

而王罕喵的部族勢力也被鐵木真喵**吞併**，

張岦之《中國歷史．元明清卷》：
「（1203年）鐵木真探知王汗（罕）宴飲歡娛、疏於防備，遂調集軍隊兼程奔襲王汗駐地……王汗狼狽西逃，被乃蠻邊將所殺。至此鐵木真兼並了地廣人眾的克烈部……」

這個事件**震動**了草原各部落。

軍事科學院《中國軍事通史》：
「克烈部王罕的敗亡，引起了各部貴族的恐慌。」
周良霄、顧菊英《元史》：
「克烈部的覆亡使它的西鄰乃蠻部大為震驚。向來以文化水平較高而自傲的乃蠻部，對蒙古人是心懷鄙視的，現在他們已感覺到了蒙古人咄咄逼人的威脅。」

然而，此時的鐵木真喵已經**無法被阻擋**。

翦伯贊《中國史綱要》：
「1203年，鐵木真又攻王罕於土拉河，王罕敗亡。克烈部是當時蒙古草原最強大的部落之一，鐵木真戰勝了克烈部，就創造了統一蒙古的條件。」

在他的鐵蹄之下，
各部被**逐一吞併**。

《元史．卷一》：
「（1204年）歲甲子，帝（鐵木真）大會於帖麥該川，議伐乃蠻……帝與乃蠻軍大戰至晡，禽殺太陽罕。諸部軍一時皆潰……餘眾悉降。於是朵魯班、塔塔兒、哈答斤、散只兀四部亦來降。」

至此，漠北草原上建立起了一個**統一的帝國**，

軍事科學院《中國軍事通史》：
「出身於蒙古乞顏部的鐵木真（1162—1227年），是一位傑出的軍事領袖。他用武力統一了漠北各部……」

這就是**蒙古帝國**。

《新元史．卷三》：

「元年（1206年）丙寅，帝（鐵木真）大會部眾於斡難河之源，建九斿白纛，即皇帝位。」

張豈之《中國歷史．元明清卷》：

「1206年春，鐵木真在斡難河源召開貴族大會，即大汗位，建立大蒙古國。」

而鐵木真喵也有了個**響徹天地**的稱號，

名為**成吉思汗**。

張豈之《中國歷史．元明清卷》：

「薩滿教巫師闊闊出聲稱得到上天的啓示，命鐵木真為普天下之汗、諸王之王，稱號為『成吉思汗』。成吉思一詞的含義，有『海洋』、『有力』、『天賜』、『偉大』等諸多不同說法。」

蒙古政權的建立，

結束了漠北草原長期**混戰**的局面。

翦伯贊《中國史綱要》：

「1206年，鐵木真結束了蒙古長期分裂的局面，建立了蒙古國……」

朱耀廷《成吉思汗傳》：

「蒙古政權的建立結束了漠北草原長期的割據混戰局面，它標誌著新興的奴隸主階級對各部氏族貴族的勝利，標誌著鐵木真集團已經成為整個草原的主宰。」

然而要**長期發展**，

卻不能止步於此。

朱耀廷《成吉思汗傳》：

「這個新興的政權要想得到鞏固與發展，不僅需要強迫大多數人服從少數人的統治，而且需要進一步肅清各種反對勢力，還需要繼續進行征服戰爭……千瘡百孔的氏族部落組織擔負不了這一使命……」

鐵木真喵**下一步**需要怎麼走呢？

（且聽下回分解。）

編者按

中國歷史上，漠北草原歷來是各游牧民族爭雄稱霸的戰場。西元10世紀，契丹族征服了草原各部，而後建立了遼朝。但隨著金朝興起，遼朝衰亡，各部逐漸脫離控制。毗鄰草原的金朝在滅遼後專心與南宋對抗，而西夏內鬥不斷，無力擴張。它們都無法傾全力經略草原地區，這便給鐵木真的崛起提供了絕佳的機會。鐵木真是一名卓越的政治家、軍事家。青少年時期的苦難經歷使他培養出頑強的意志，落魄時，他果斷地依附王罕這棵大樹，獲得了生存的空間。在發展過程中，他愛護部下，知人善任，更是吸引了一大批人才投入他的陣營。史書評價他「深沉有大略，用兵如神」。這些優點使得他最終能掃平群雄，統一草原。

參考來源：《元史》、《新元史》、韓儒林《元朝史》及《元史講座》、邱樹森《元朝史話》、白壽彝《中國通史》、傅樂成《中國通史》、蔡美彪《中國通史》、翦伯贊《中國史綱要》、朱紹侯《中國古代史》、虞云國《細說宋朝》、朱耀廷《成吉思汗傳》、周良霄和顧菊英《元史》、軍事科學院《中國軍事通史》、張豈之《中國歷史 · 元明清卷》、內蒙古社科院歷史所《蒙古族通史》、白鋼《中國政治制度通史》

附錄

【名字由來】

鐵木真出生前，
他老爸也速該剛好抓到
一個叫作鐵木真的敵人，
為了慶祝這場勝利，
就給兒子取名叫鐵木真。

【人小膽大】

鐵木真十三歲時，
家裡的馬被強盜搶走。
鐵木真卻一點不慌，
自己追了上去，
從強盜的營地裡偷回了這些馬。

【訂婚陷阱】

王罕本來打算
把孫女嫁給鐵木真的兒子，
然後在訂婚宴上幹掉鐵木真。
不過鐵木真提前收到了情報，
躲過了一劫。

一群喵檔案

麻花小劇場

《幸運橡皮擦》

《安慰》

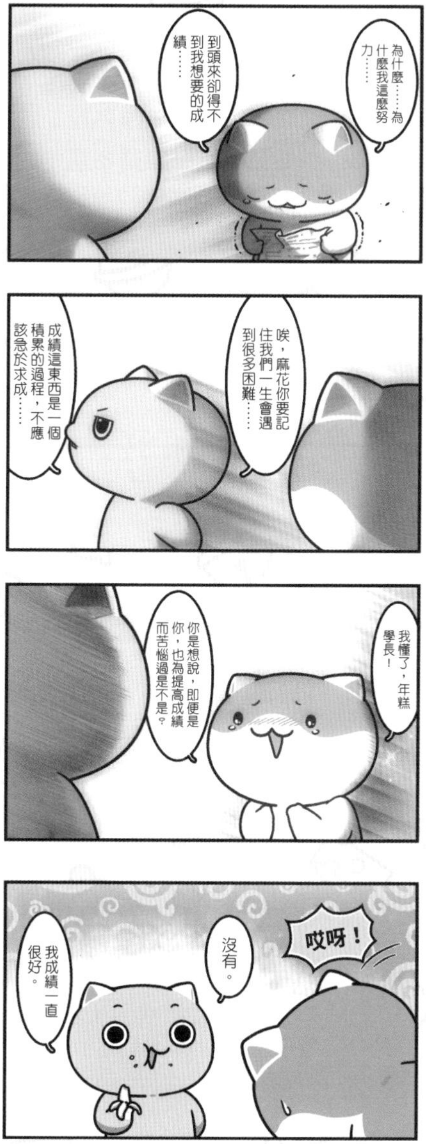

麻花

摩羯座

生日：12 月 24 日

身高：178 公分

喜歡的樂器：小提琴

討厭的食物：酒

（麻花擬人介紹）

麻花的廚房

Mahua's kitchen

第一百三十三回◉蒙古擴張

漠北草原在經歷了世世代代的戰爭後，

終於**統一**了。

吳天墀《西夏史稿》：

「從公元九世紀至十二世紀的大約三百多年時間，在祖國北方的漠北地區……散布分立著為數眾多的蒙古語系諸部落。」「（1206年）強悍善戰的蒙古部，在連續不斷的戰爭行動中，首先完成了把分裂峙立著的蒙古諸部統一起來的工作。」

各個部族在歷經鐵血的洗禮後，

都**歸附**到一個**政權**之下，

《元史．卷一》：

「歲壬戌（1202年）……發兵於兀魯回失連真河，伐按赤塔塔兒、察罕塔塔兒二部……既而果勝……」

這就是**大蒙古帝國**。

張豈之《中國歷史．元明清卷》：

「1206年春，鐵木真在斡難河源召開貴族大會，即大汗位，建立大蒙古國……至此，漠北草原已完全統一，一個強大的游牧帝國出現在歷史舞臺上。」

而完成這項工作的便是成吉思汗——

鐵木真喵！

《元史．卷一》：
「太祖法天啟運聖武皇帝，諱鐵木真……」
軍事科學院《中國軍事通史》：
「出身於蒙古乞顏部的鐵木真(1162—1227年)，是一位傑出的軍事領袖。他用武力統一了漠北各部，並於1206年建立大蒙古國……」

從九歲喪父開始，
鐵木真喵便馳騁於**戰火**之中。

朱耀廷《成吉思汗傳》：
「從他（鐵木真）9歲時父親被毒死之後，他們一家孤兒寡母，顛沛流離……但鐵木真母子兄弟並沒有被壓倒、被征服，而是咬緊牙關與厄運抗爭，與自然界及敵人搏鬥。」

經**二十餘年**的磨礪，
鐵木真喵已經從**弱小**的雛鳥成長為
矯健的「**草原雄鷹**」。

朱耀廷《成吉思汗傳》：
「成吉思汗統一蒙古高原，前後用了二十多年時間（1181—1206年），大戰六次，小戰幾十次。」

他要讓蒙古的鐵蹄**踏向遠方**！

白壽彝《中國通史》：

「以成吉思汗家族為首的蒙古統治階級，把掠奪和征服視為最光榮的事業。蒙古高原各部統一後，富饒的鄰國就成為他們繼續進行掠奪戰爭的目標……」

呃……不過在這之前，

鐵木真喵得先解決**內部問題**。

蔡美彪《中國通史》：

「一二〇六年，帖木真（鐵木真）回到鄂嫩河源。全蒙古的貴族聚集在這裡舉行大會，推舉帖木真為全蒙古的汗，號『成吉思汗』。」「這時，帖木真（鐵木真）已占領東起興安嶺、西迄阿爾泰山……對於如此廣大的領域和眾多的被征服者，殘破的氏族組織顯然是無法統治了。」

遼闊的漠北草原上，

原本是**多個**部族**共存**的狀態。

周良霄、顧菊英《元史》：

「12 世紀的蒙古草原上，諸部並立，不相統屬。」

各部以**族群**為基礎，

周良霄、顧菊英《元史》：「舊的氏族部落是由草原貴族家庭的分衍所產生，其實力決定在首領本人的強弱，強者得以任意擴大，弱者往往自行消亡。」

族民們平時**放牧**，

打仗時上場**打仗**，

周良霄、顧菊英《元史》：「游牧民兵民一體，『上馬則備戰鬥，下馬則屯聚牧養』。每有征伐，其酋領傳命徵集；戰事結束後則各散歸本部……」

一切聽從的是自己**部族首領**的命令。

邱樹森《元朝史話》：

「蒙古各部的奴隸主擁有許多尊貴的稱號……稱為『那顏』，即『官人』之意。那顏階級擁有大量牲畜和財富，役使奴隸從事各種生產勞動；他們還向本部落屬民徵收賦稅，分派勞役和軍役。」

這對於鐵木真喵來說……

可是**不允許**的！

於是乎，

鐵木真喵強制將全國喵民劃分為九十五個**千戶**。

白壽彝《中國通史》：

「大蒙古國的統治制度在成吉思汗滅克烈之後就開始建立，建國後進一步完善。」「全國百姓（游牧民）統一按十進位編組，分千戶、百戶、十戶三級，共劃分為九十五個千戶……既是大蒙古國的軍事單位，同時也是地方行政單位……」

每千戶給你劃定**牧地範圍**，

韓儒林《元朝史》：「千戶制度是蒙古國家統治體制中最重要的一環……全蒙古百姓都被納入嚴密的組織，由汗委任的那顏管領著，在指定的牧地範圍內居住。」

還給你指派**管理者**。

內蒙古社科院歷史所《蒙古族通史》：「成吉思汗直接統治的地區共分九十五個千戶，委派他的開國功臣為千戶長。」

至於那些**部族首領**呢，

哪裡涼快哪裡**待著**去，

周良霄、顧菊英《元史》：「舊的氏族部落首領都是貴族之裔，其核心基本上也是同族的貴冑。授封的千戶那顏則是成吉思汗的功臣，他們出身各個不同，甚至包括被解放了的奴隸。即使出身於貴族，但他之得以受封主要是視其功勛。」

這就是所謂的**千戶制**。

周良霄、顧菊英《元史》：「千戶制度成為大蒙古國在草原地區進行統治的基本組織。」

千戶制的實行，

瓦解了原來草原上的**氏族制**，

張豈之《中國歷史．元明清卷》：「千戶百戶制度的長期實行，使草原上的氏族共同體逐漸分解，原有各部族不再像以前游牧國家統治下的被征服部族那樣能夠保持自己組織的完整和相對獨立……」

從此各部族逐漸**融合**成全新的**蒙古民族**。

張豈之《中國歷史．元明清卷》：
「……它們在以後幾十年中與統治部族——蒙古趨於合一，逐漸形成了全新而有持久生命力的蒙古民族。」

而他們的**主宰**只有**一個**，

就是成吉思汗**鐵木真喵**！

周良霄、顧菊英《元史》：
「千戶的規模、統領的那顏與屯駐的牧地，一切皆以成吉思汗個人的命令是從，不稍違忤。」

此外，鐵木真喵還建立了更為完善的**軍制**和**律法**。

朱耀廷《成吉思汗傳》：

「成吉思汗創建了十進位的千戶制……組建了95個千戶軍和由大汗直接指揮的中軍萬戶——怯薛軍。」

內蒙古社科院歷史所《蒙古族通史》：

「成吉思汗建立蒙古汗國之前，蒙古沒有成文的法規……蒙古汗國建立後，制定了具體的法律條款，稱為《大札撒》，漢譯為《成吉思汗法典》。」

在他的改革下，

不僅穩定了**內部統治**，

蔡美彪《中國通史》：

「怯薛在對外作戰時，作為成吉思汗直接統領的主力軍……平時則作為蒙古國家的實體附屬物捍衛著以成吉思汗為首的貴族統治，鎮壓被壓迫者的反抗。」

內蒙古社科院歷史所《蒙古族通史》：

「統一的實現，結束了長期以來各部之間的混戰，出現了和平安寧的政治局面，《大札撒》的制定又進一步安定了社會秩序。」

更是大大地**加強**了蒙古帝國對外**擴張**與**掠奪**的能力。

周良霄、顧菊英《元史》：

「通過千戶授封制度，成吉思汗把蒙古高原全境有效地置於自己的統一控制之下……它不單給蒙古社會開闢了發展和繁榮的廣闊可能性，同時也使蒙古人擰成一股繩，大大增強了對外擴張與掠奪的軍事能力。」

至此，蒙古鐵騎如同一把鋒利的**軍刀**，

開始**刺向四方**。

韓儒林《元朝史》：

「以成吉思汗黃金家族為首的大蒙古國的統治層，把掠奪財富看成最光榮的事業。漠北統一以後，蒙古各部的人口和牧地已按照等級分配完畢，不能再互相掠奪了。於是，富饒的鄰國就成為他們繼續進行掠奪戰爭的目標。」

往西是**中亞**、**西亞**乃至**東歐**地區；

朱紹侯《中國古代史》：

「1219年元月，由於花剌子模殺了蒙古的使者兀忽納和駱駝商隊，成吉思汗親自西征……占領了整個花剌子模和中亞。」

白壽彝《中國通史》：

「1220年秋後，成吉思汗命拖雷率領一支精銳部隊渡過阿姆河……1222年春，攻入谷兒只（格魯吉亞）……戰于阿裡吉河（今烏克蘭共和國日丹諾夫市北）之東……」

往南則是華夏的**中原**地區。

軍事科學院《中國軍事通史》：
「蒙古國建立後，成吉思汗一面繼續掃蕩乃蠻、克烈等部的殘餘力量，鞏固漠北草原的統一；一面籌畫對中原農耕地區和西北地方用兵，擴大蒙古國的勢力範圍。」

華夏地區的霸主是**金國**，

朱耀廷《成吉思汗傳》：
「建立金朝的女真族原是東北地區的少數民族。當其初起時，以很少的兵力，迅速推翻了遼朝……攻克了開封，擄走了徽、欽二帝，宋室被迫南渡，兩國劃淮為界。經過上百年的經營，金朝的兵力已增加到上百萬人……」

作為一個**大帝國**，
還是**不容易**搞定的。

朱紹侯《中國古代史》：
「成吉思汗的主要進攻目標是他的宗主國金朝……金朝是一個老大帝國，其力量尚未摸底，不可貿然舉動……」
《元史．卷一》：
「元年（1206年）丙寅，帝（鐵木真）大會諸王群臣，建九斿白旗，即皇帝位於斡難河之源……始議伐金。初，金殺帝宗親咸補海罕，帝欲復仇……然未敢輕動也。」

但在蒙古與金**之間**……

還有一個**政權**，

這就是**西夏**。

韓儒林《元朝史》：

「成吉思汗經常和金國打交道……建國以後，他馬上就想進攻金國，但不敢輕舉妄動。因為金國畢竟是中原上邦，而西夏在金國之西，北與蒙古接境……」

雖然西夏算是華夏地區

除了金和南宋外的**第三股力量**，

韓儒林《元朝史》：

「党項貴族建立的西夏政權，在宋遼、宋金相繼南北對峙的形勢下，維持著西北一隅的割據局面……與宋和遼、金成鼎立之勢。」

但力量……實在**弱得多**。

> 朱紹侯《中國古代史》：
> 「12世紀中期以後，西夏由於政治腐敗，國勢日趨衰落。」

這就比較**容易搞定**啦……

> 軍事科學院《中國軍事通史》：
> 「成吉思汗對金朝和西夏用兵，採取了比較慎重的態度。他把西夏作為先行打擊的對象，因為西夏國力比金朝弱得多，從地理上來說也更接近草原地區，除了黃河以外幾乎無險可守，便於騎兵展開和機動作戰。」

於是在鐵木真喵的**帶領下**，
蒙古對西夏進行了**多次攻打**，

> 《元史．卷一》：
> 「二年（1207年）丁卯秋，（鐵木真）再征西夏，克斡羅孩城。」「四年（1209年）己巳春，畏吾兒國來歸。帝（鐵木真）入河西……進至克夷門，覆敗夏師，獲其將嵬名令公。」

無奈的西夏只能**被迫**成為蒙古的**小弟**。

《新元史．卷三》：
「（1209年）庚午秋，帝（鐵木真）再伐西夏。西夏主李安全遣其世子遵頊拒戰。敗之……西夏主納女請和……」
張豈之《中國歷史．元明清卷》：
「1209年，成吉思汗對西夏發動了更大規模的進攻……西夏襄宗獻女於成吉思汗，稱臣納貢……」

而且之後的**十多年**裡，
西夏都跟著一起去**打金國**。

張豈之《中國歷史．元明清卷》：
「……蒙古軍北還。此後一段時間西夏附蒙攻金，經常侵入金境殺掠……」
《西夏書事．卷四十》：
「（1216年）九月，（西夏）連蒙古兵攻金延安府及代州，遂破潼關。」

在兩軍的聯合下，
金國地盤被蒙古**不斷侵蝕**。

韓儒林《元朝史》：
「（1217年）木華黎統領蒙古軍專征金國，不時遣兵假道夏境，並徵召西夏兵從征。」
《元史．卷一一九》：
「（1217年）諭諸將曰：『木華黎建此旗以出號令，如朕（鐵木真）親臨也。』乃建行省於雲、燕，以圖中原，遂自燕南攻遂城及蠡州諸城，拔之。」

而作為小弟的**西夏**呢，

不僅一點好處**沒撈到**，

《西夏紀．卷二十七》：

「（西夏）神宗、英文皇帝李遵頊，齊國忠武王彥宗子，襄宗安全族子也……皇建二年（1211 年）七月三日，襄宗廢。有世子承禎，不立，立遵頊。」

「（1218 年）遵頊因互市不許，以步騎三千引蒙古兵由葭州入鄜延。金元帥左都監慶山奴自鄜州發兵逆戰於馬吉峰，夏兵被斬數百級，失首領二人。」

自己倒是**快不行**了。

《西夏書事．卷四十》：

「夏與蒙古自納女請降，合兵攻金，遂為役屬。繼徵發日多，不堪奔命……」

韓儒林《元朝史》：

「（1211 年）自遵頊即位以來，奉行附蒙攻金政策……長期的對金用兵，西夏國內人民耕織無時，田野荒廢，飢民四散，國家財用困乏，雖婦人女子都知道國勢瀕於滅亡了。」

於是在一次鐵木真**出外打仗**時，

《元史・卷一》：

「十四年（1219年）己卯春，張柔敗武仙，降祁陽、曲陽、中山等城。夏六月，西域殺使者，帝（鐵木真）率師親征……」

西夏偷偷聯繫金朝，
決定**聯手**打擊蒙古。

白壽彝《中國通史》：

「成吉思汗西征時，西夏曾拒絕派兵從征。後見成吉思汗遠征長期未回，以為有機可乘，即與金朝約和，共謀抵抗蒙古。」

可這……

反而給了鐵木真喵一個**滅它的藉口**。

周良霄、顧菊英《元史》：
「1223年，西夏獻宗德旺由附蒙仇金的政策轉而採取聯金抗蒙，這就使成吉思汗再也不能容忍……便以西夏曾接納仇人克烈部桑昆以及不送質子、不服從徵調為藉口，親自率師第六次大舉伐夏。」

西元1226年，

鐵木真喵再次統兵**攻打西夏**。

《元史．卷一》：
「二十一年（1226年）丙戌春正月，帝（鐵木真）以西夏納仇人亦臘喝翔昆及不遣質子，自將伐之。」

虛弱的西夏根本**無力抵抗**，

《元史．卷一》：
「（1227年）二月，（蒙古）取黑水等城……秋，取西涼府搠羅、河羅等縣，遂逾沙陀，至黃河九渡，取應里等縣……攻靈州，夏遣嵬名令公來援。丙寅，帝（鐵木真）渡河擊夏師，敗之。」

最終，
立國189年的**西夏**宣告**滅亡**……

《元史．卷一》：
「（1227年）三月，（蒙古）破洮、河、西寧二州……夏四月，帝（鐵木真）次龍德，拔德順等州……夏主李晛降。」
鐘侃、吳峰雲、李範文《西夏簡史》：
「（1227年）末主晛走投無路，只得派遣使節向成吉思汗請求寬限一個月獻城投降……建國一百八十九年的西夏王朝終於滅亡。」

鐵木真喵的一生是**鐵血**的一生，

《新元史．卷三》：
「太祖（鐵木真）龍興朔漠，踐夏戡金，蕩平西域，師行萬里，猶出入戶闥之內，三代而後未嘗有也。」

在他的努力下，
草原喵民從備受欺凌到**橫掃各國**。

《新元史．卷一》：
「蒙古初無文字，世事遠近人相傳述。其先世與他族相攻，部族盡為所殺。」
《元史．卷一》：
「帝（鐵木真）深沉有大略，用兵如神，故能滅國四十，遂平西夏。其奇勳偉跡甚眾……」

西遼、花剌子模、西夏政權

皆在他的利刃之下**灰飛煙滅**，

蔡美彪《中國通史》：

「蒙古國家建立後，在西部鄰接著西遼和西夏，在南方，面臨著地域廣闊的金朝。成吉思汗在鞏固了他的統治後，隨即對金朝展開了大規模的侵掠，並轉而西向滅亡了西遼和花剌子模。在他的暮年，又消滅了西夏。」

蒙古帝國成為了**橫穿歐亞**的大帝國。

翦伯贊《中國史綱要》：

「從 1218 年到 1223 年，在成吉思汗親自率領下，蒙古貴族發動了第一次西侵。蒙古軍攻滅了西遼和花剌子模國，在迦勒迦河打敗了斡羅思諸部……」「蒙古貴族進行軍事征服的結果，出現了一個以蒙古地區的和林為中心的橫跨歐亞的大汗國。」

但它**並未停下**腳步，

軍事科學院《中國軍事通史》：

「（1227 年）成吉思汗去世後，相繼嗣位的……繼續進行戰爭。」

作為中原大國的**金國**依然**阻礙**在它面前。

邱樹森《元朝史話》：

「成吉思汗在他臨死之前，雖然統一了全蒙古，雖然取得了西征的重大勝利，雖然即將滅亡西夏，卻沒有能親自把金朝滅亡。這是他深為不安的大事。因此，臨終前還念念不忘把滅金的戰略囑咐給他的兒子們……」

那麼蒙古帝國的**下一步**將怎麼走呢？

（且聽下回分解。）

編者按

鐵木真之所以能夠「滅國四十」，不僅僅因為他指揮有方以及麾下強悍的蒙古鐵騎和先進的軍事技術，還因為當時周邊的金朝、西夏、西遼等國家都處於腐朽沒落的衰弱期，難以抵抗蒙古的大軍。

作為一個征服者，鐵木真善於用兵、用人，卻也存在著殘忍嗜殺的一面。蒙古鐵騎在征伐過程中，不可避免地給被征服地區帶來了殺戮與浩劫，一些地區的文明更是遭到了毀滅性的破壞。但從另一方面來說，蒙古的征伐打破了東西之間的壁壘，為中西之間人員往來創造了便利條件，促進了中西文化交流。而對於當時的華夏大地來說，蒙古的擴張打破了宋、金、夏三足鼎立的百年僵局，加速了各民族的融合，符合統一的歷史發展趨勢。

鐵木真——瓜子（飾）

參考來源：《元史》、《新元史》、《西夏書事》、《西夏紀》、韓儒林《元朝史》、白壽彝《中國通史》、蔡美彪《中國通史》、翦伯贊《中國史綱要》、朱耀廷《成吉思汗傳》、朱紹侯《中國古代史》、周良霄和顧菊英《元史》、吳天墀《西夏史稿》、邱樹森《元朝史話》、鐘侃等《西夏簡史》、張豈之《中國歷史 · 元明清卷》、軍事科學院《中國軍事通史》、內蒙古社科院歷史所《蒙古族通史》

【墓地之謎】

鐵木真死後是被秘密埋在了草原上，
沒有立墓碑，
至今都不知道在哪裡，
而現存的成吉思汗陵，
只是後人祭祀他的地方。

【中原「神仙」】

鐵木真為了長生不老，
曾請來中原的道士丘處機教他長生。
他非常信任丘處機，
甚至叫丘處機「神仙」。

【裝備進化】

鐵木真每占領一個地方，
都會徵用當地工匠來，
改進蒙古軍隊的裝備和器械，
使得蒙古大軍的戰鬥力更加強悍。

一群喵檔案

瓜子小劇場

《專業 1》

《專業 2》

瓜子

金牛座

生日：5 月 3 日

身高：180 公分

喜歡的樂器：吉他

討厭的食物：酸筍

（瓜子擬人介紹）

瓜子的廚房

Guazi's kitchen

第一百三十四回 ◉ 蒙古滅金

在**鐵木真喵**的奮鬥下，
蒙古成為了地跨亞歐的**大帝國**。

人民教育出版社《義務教育教科書教師教學用書．中國歷史七年級下冊》：
「蒙古汗國建立後，成吉思汗（鐵木真）開始向南方發動大規模的戰爭。他三次進攻西夏……占領了中亞細亞直到歐洲東部和今伊朗北部，建立起一個以和林為中心的橫跨亞歐的蒙古大汗國……」

可惜沒多久…… 他卻**病死了**。

《新元史．卷三》：
「（1227年）秋七月，帝（鐵木真）駐蹕清水縣之西江。壬午，帝疾甚。己丑，崩於靈州。」

然而，

蒙古帝國的**擴張**步伐並沒有放緩。

軍事科學院《中國軍事通史》：

「成吉思汗即位後20餘年，東征西討，滅西遼、花剌子模、西夏……他的後人繼承了他的事業……」

這個任務落到了**第二代**領袖肩上，

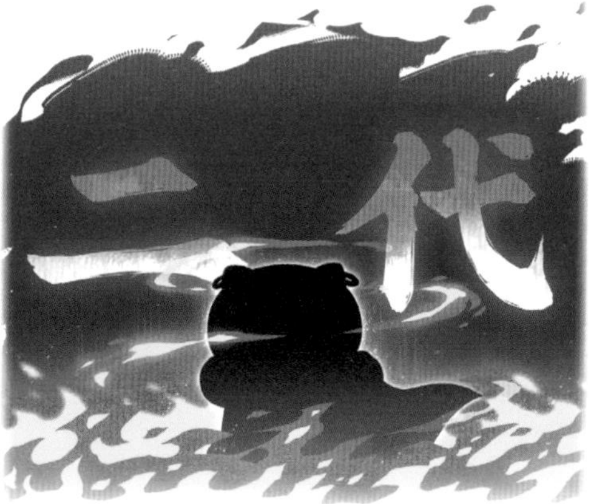

他就是**窩闊台喵**。

白壽彝《中國通史》：

「窩闊台生於1186年……據載他為人敦厚，有智略。」

窩闊台喵是鐵木真喵的**三兒子**，

《新元史．卷四》：

「太宗英文皇帝，諱窩闊台，太祖（鐵木真）第三子也。母曰光獻翼聖皇后。」

兄弟裡就他最**聰明**。

［伊朗］志費尼《世界征服者史》：

「（1226年）成吉思汗從西方諸國返回他的東方老營後……他得了由不良氣候而引起的不治之症。他召諸子察合台、窩闊台……去見他……」「成吉思汗接著說：『……窩闊台繼我登位，因為他雄才大略，足智多謀，在你們當中尤為出眾……』」

窩闊台喵**從小**就跟著老爸**打天下**，

李新靜《中國帝王列傳》：

「公元1186年，成吉思汗第三子窩闊台出生。窩闊台從小跟隨父親四處征戰，成為一位驍勇善戰的虎將。」

文能**理朝政**，

［伊朗］志費尼《世界征服者史》：

「成吉思汗的長妻生了四個兒子，他們拚著性命去建立豐功偉績，猶如帝國寶座的四根台柱，汗國宮廷的四根棟樑。成吉思汗替他們各自選擇了一項特殊的職務……窩闊台他選擇來負責（一切需要）智力、謀略的事，治理朝政。」

武能**打硬戰**，

《新元史．卷四》：

「十六年（1221年），朮赤、察合台攻烏爾鞬赤，屢失利，太祖（鐵木真）改命帝（窩闊台）為統帥。帝調和兩兄，兵復振，遂克烏爾鞬赤。十七年（1222年）春，帝略地印度河下游……二十一年（1226年），從太祖伐西夏。」

可以說**戰功卓著**。

《元史．卷二》：

「太宗英文皇帝，諱窩闊台，太祖（鐵木真）第三子。母曰光獻皇后，弘吉剌氏。太祖伐金、定西域，帝攻城掠地之功居多。」

而他的**強悍**也使他很**順利**地成為了新一代**領袖**。

《元史．卷二》：

「元年（1229年）己丑夏，（窩闊台）至忽魯班雪不只之地，皇弟拖雷來見。秋八月己未，諸王百官大會於怯綠連河曲雕阿蘭之地，以太祖遺詔即皇帝位於庫鐵烏阿剌里。始立朝儀，皇族尊屬皆拜。」

當時的蒙古帝國其實已經**征服**了很多地區，

虞云國《細說宋朝》：

「1206年，成吉思汗統一蒙古諸部，建立了大蒙古國。蒙古鐵騎的西征南攻，很快改繪了這一政治地圖的板塊色彩。1218年，蒙古攻滅西遼。1227年，西夏也在蒙古騎兵的凌厲攻勢下不復存在。」

從**亞洲**到**東歐**都有蒙古騎兵的蹄印。

朱紹侯《中國古代史》：
「1222 年蒙古軍占領了整個花剌子模和中亞。在進攻花剌子模的同時，成吉思汗還派遣遮別和速不台進入東歐斡羅斯境內……途中還收降了裡海、鹹海間的康里國。」

但對於**蒙古**喵民來說，

他們**最想幹掉**的只有一個，

這就是**金國**。

邱樹森《元朝史話》：
「蒙古反對金朝，在開始時是帶有反抗民族壓迫的正義性的……擺脫女真貴族的壓迫和統治是蒙古各部的強烈願望。」

作為曾經的**宗主國**，

金國對草原喵民進行過**殘酷**的統治，

邱樹森《元朝史話》：

「公元 1125 年金朝推翻遼政權後，即派兵北上，漠北各部相繼歸金……蒙古各部的首領接受金朝的封職……」「金世宗大定年間，金朝統治者還派兵剿殺蒙古人，稱為『減丁』，出征的金軍大肆擄掠蒙古人民，並把擄掠來的蒙古孩子充當奴婢買（賣）給山東、河北的地主和官僚。」

草原喵民受盡**剝削**，

周良霄、顧菊英《元史》：

「金朝對蒙古諸部的榨取是很沉重的。沿邊官吏向朝廷進獻的馬、駝、鷹鶻等都是從部民苛斂而來。政府還正式頒行『強取諸部羊馬法』。官員們貪暴勒索更是司空見慣。」

就連蒙古部曾經的**首領**都被**殘害**過。

邱樹森《元朝史話》：

「十二世紀初，成吉思汗的曾祖合不勒時，統一尼倫各部……合不勒汗死後，其堂弟俺巴孩繼立。有一次，俺巴孩汗送女出嫁，途中被塔塔兒人抓獲，送到金朝，金朝皇帝殘酷地把他釘死在木驢上。」

這個**仇**如今的蒙古帝國可是**要報**的，

周良霄、顧菊英《元史》：
「從成吉思汗建國的第一天起，他就蓄謀進攻金朝，以報殺俺巴孩的世仇。」
《新元史．卷三》：
「（1211年）二月，帝（鐵木真）自將伐金，登克魯倫山，解衣以帶置頂，跪禱於天，誓復俺巴孩罕（汗）之仇……」

所以蒙古瘋狂**出兵**揍金國。

《元史．卷一》：
「六年（1211年）辛未春，帝（鐵木真）居怯綠連河……二月，帝自將南伐，敗金將定薛於野狐嶺，取大水濼、豐利等縣……八月，帝及金師戰於宣平之會河川，敗之。」

當時的金國其實已經被打掉了**半壁江山**，

吳泰《宋朝史話》：

「公元一二一三年……整個黃河以北地區除都城燕京等幾個大城市外，都被蒙古軍所占領……（1215年）金朝的遼東、河東、河北及山東的大片地區都喪失了。金朝的轄境只剩下陝西、河南及山東部分地區……」

內蒙古社科院歷史所《蒙古族通史》：

「成吉思汗建立蒙古汗國，正值金章宗在位時期（1190—1208年）。此時金國政治腐敗，已失元氣。」

軍事科學院《中國軍事通史》：

「金章宗時，官僚政治腐敗，水、旱、蝗、地震、飢荒等災害頻仍，僅見於史書的大災有40起。」

國內**天災**不斷，

軍隊戰鬥力**不行**，

內蒙古社科院歷史所《蒙古族通史》：

「女真統治者為了控制異族，將其基本武裝力量猛安（千夫長）、謀克（百夫長）遷到各地與異族雜居，稱為軍戶。軍戶到各地後，兼併土地……一不務農，二不尚武，幾乎成為庸才。」

幾任皇帝全是**笨蛋**……

白壽彝《中國通史》：
「金章宗在『嘉定和議』的當年（1208）十一月去世，完顏永濟即位，是為金衛紹王……」
《金史．卷十三》：
「衛紹王諱永濟，小字興勝，更諱允濟……柔弱鮮智能……」
《金史．卷十六》：
「宣宗當金源末運，雖乏撥亂反正之材……性本猜忌，崇信翽禦，獎用吏胥，苛刻成風，舉措失當故也。」

反正就是**大不如前**了。

《金史．卷十八》：
「（金國）至於衛紹，紀綱大壞，亡征已見。宣宗南度（渡），棄厥本根，外狃餘威，連兵宋、夏，內致困憊，自速土崩。哀宗之世無足為者。」

然而俗話說，
爛船還有**三分釘**。

要幹掉這麼大一個國家，
蒙古還是有點**吃力**的。

〔德〕傅海波、〔英〕崔瑞德《劍橋中國遼西夏金元史》：
「窩闊台於 1230 年開始對金朝發起初步進攻。不久，蒙古人痛切地感受到，女真人的國家雖然受到沉重打擊，但仍然能夠進行有力的防禦，必須制定新的作戰計畫和增加軍隊才能給其以致命一擊。」

一方面是蒙古自建國以來就一直在**打仗**，

韓儒林《元朝史》：
「（1206 年）漠北統一以後，蒙古各部的人口和牧地已按照等級分配完畢，不能再互相掠奪了。於是，富饒的鄰國就成為他們繼續進行掠奪戰爭的目標……蒙古國統治者不斷進行對外戰爭……」

士兵很**疲憊**；

韓儒林《元朝史》：
「一二三〇年秋，窩闊台與拖雷率軍渡漠而南……次年春，蒙古軍攻破鳳翔，金棄京兆，遷民於河南，潼關以西盡為蒙古所據。」「（1233 年）金朝雖然大勢已去，但河南許多州縣還在堅守……蒙古軍經長久作戰，軍力減弱，將卒病者又頗多……」

另一方面要打這麼一場**大仗**，

糧食也**不夠**。

韓儒林《元朝史》：

「……河南在戰爭中農業生產遭到破壞，得糧也很困難。蒙古統治者看到，單憑自己的力量，要最後消滅金朝並不是很容易的。」

這……該**怎麼辦**呢？

呃……大家還記得**南宋**嗎？

軍事科學院《中國軍事通史》：「12～13世紀在中國境內形成南宋、金南北對峙的局面。此外，還有西夏、蒙古及元朝先後與之並存。」

作為前身的**大宋**，
那可是被**金朝**給滅了的。

何忠禮《南宋全史》：「公元960年正月初四日，後周殿前司都點檢趙匡胤通過陳橋兵變奪取了政權……建立國號為『宋』的政權，史稱北宋。」「靖康元年（1126）年底，隨著汴京淪陷，徽、欽二帝被俘，北宋即為金人所滅亡……趙構在南京應天府（河南商丘）稱帝，從而揭開了南宋一朝的歷史。」

後來金朝還時不時過來**找麻煩**，

陳世松、匡裕徹、朱清澤、李鵬貴《宋元戰爭史》：「南宋是以臨安（今杭州）為都城，偏安江南，倍受金朝欺凌的政權……宋、金又多次交戰，而每次交戰的結局，均以南宋被迫簽訂喪權辱國條約而告終。」

所以南宋雖然表面上跟金朝**停火**了，

陳世松、匡裕徹、朱清澤、李鵬貴《宋元戰爭史》：「1141年『紹興和議』、1164年『隆興和議』之後，金、宋雙方以淮河為界，長期處於對峙狀態。」

但心底裡那可是**血仇**啊！

《宋史紀事本末．卷八十六》：「（嘉定）八年（1215年）十一月，（南宋）復遣使如金賀正旦……真德秀復上疏曰『……皇皇巨宋，八葉重光，至於政、宣，燕安湛溺……女真得以逞其兇殘，攻陷我都城，傾覆我社稷，劫遷我二聖，荼毒我烝民……國家之於金虜，蓋萬世必報之仇……』」

你有仇，我**也有**仇……

於是乎蒙古與南宋**搭上線**了。

軍事科學院《中國軍事通史》：「金天興元年（1232年）十二月，蒙古窩闊台遣使到南宋，提議聯合滅金……宋理宗不聽趙範勸阻，派使臣前往蒙古軍營，雙方達成協議……」

南宋**出糧**又**出力**，

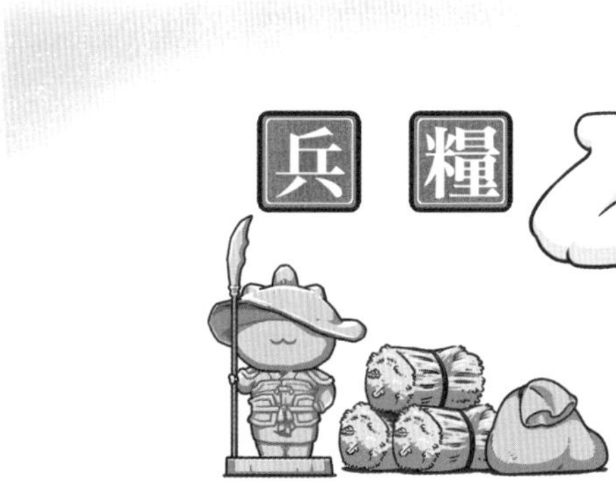

《宋史紀事本末．卷九十一》：「（1233年）冬十月，（南宋）史嵩之命孟珙、江海帥（率）師二萬，運米三十萬石，赴蒙古之約。」

蒙古事後給**土地**，

《宋史紀事本末．卷九十一》：「（南宋）理宗紹定五年（1232年）十二月，蒙古遣王檝來京湖，議夾攻金……蒙古許俟成功，以河南地來歸。」

反正就是合作**一起**揍金朝。

與此同時，窩闊台喵還一直搞**招降政策**，

《元史．卷一五五》：
「（1232年）王辰春，太宗（窩闊台）由白坡渡河，詔天澤以兵由孟津會河南……招降太康、柘縣、瓦岡、睢州……」

只要投降的都**不殺**，

《元史．卷一四六》：
「（1232年）王辰春，帝（窩闊台）南征，將涉河，詔逃難之民、來降者免死。」

通通可以繼續**做官**。

《元史．卷二》：
「四年（1232年）壬辰春正月戊子，帝（窩闊台）由白坡渡河……甲午，次鄭州。金防城提控馬伯堅降，授伯堅金符，使守之。」

這一操作，

金朝內有各種**二五仔***，

《金史．卷十八》：
「（天興）二年（1233年）正月丙午朔，濟河，北風大作，後軍不克濟。丁未，大元（蒙古）兵追擊於南岸……（金朝）建威都尉完顏兀論出降……元帥劉益、上党公張開亦遁，並為民家所殺。益部曲王全降。」

* 二五仔：即告密者或出賣人者的俗稱。

外又被團團**圍著**，

軍事科學院《中國軍事通史》：
「1233年蒙古軍占領汴京，金帝逃至歸德，後轉移至蔡州。」
「（1233年）十一月，宋派江海、孟珙率宋兵萬人到蔡州，並運糧30萬石助蒙古軍攻蔡州。宋、蒙會師後，協力圍困蔡州……」

基本上**沒希望**了……

《金史．卷十八》：
「（1233年）十二月甲戌，（金）盡籍民丁防守……大元（蒙古）兵決練江，宋兵決柴潭入汝水……炮軍總帥王銳殺元帥谷當哥，率三十人降大元。庚寅，以御用器皿賞戰士。甲午，上（金哀宗）微服率兵夜出東城謀遁，及柵不果，戰而還。」

西元1234年，

在蒙、宋聯軍的**圍剿**下**金朝覆滅**，

《宋史紀事本末．卷九十一》：
「端平元年（1234年）春正月戊申，孟珙同蒙古兵圍蔡州……金主永緒集百官，傳位於東面元帥承麟……是日，承麟亦為亂兵所殺。金亡。」

曾經的一方**霸主**被復仇的火焰燒為**灰燼**。

《元史．卷二》：
「六年（1234年）甲午春正月，金主傳位於宗室子承麟，遂自經而焚。城拔，獲承麟，殺之。宋兵取金主餘骨以歸，金亡。」

從此，蒙古**取代**金朝，

陳世松、匡裕徹、朱清澤、李鵬貴《宋元戰爭史》：

「金朝滅亡之後，中原大地的政治形勢發生了巨大的變化。從此，蒙古取代金朝成了北方的統治者，蒙古和南宋成了鄰國。」

成為華夏大地上一股**強大**的勢力。

軍事科學院《中國軍事通史》：

「金的滅亡，使長期受金壓迫的宋朝頓時有解脫之感。於是，南宋朝臣『動色相賀』。然而，蒙古取代金成為北方的統治者，其軍事力量遠比金強大得多。」

宋金對峙的局面被**宋蒙**對峙所取代，

軍事科學院《中國軍事通史》：

「12～13世紀在中國境內形成南宋、金南北對峙的局面。」「（1234年）金朝滅亡後，蒙古與南宋境地相接，出現對峙局面。」

然而，當共同的敵人**消失**以後，

虞云國《細說宋朝》：
「1234年，金朝作為蒙古和南宋的共同對手，終於在蒙、宋聯軍的夾擊下徹底滅亡。」

宋蒙的聯盟還能**持續**多久呢？

（且聽下回分解。）

編者按

歷史上，金朝和遼朝有很多相似之處。遼朝的統治者是契丹人，對草原各族的統治非常殘暴。這在西元1114年導致了女真族起義，最終建立金朝，推翻了遼朝。可惜，此後的金朝卻並沒有吸取遼朝的教訓。在金朝統治的120年裡，女真族也走上了契丹人的老路：皇室內鬥、統治腐壞，曾經「滿萬則不可敵」的軍隊變得不堪一擊，對各族的壓迫則是變本加厲。這一次，備受欺凌的蒙古人也沒給金朝機會。鐵木真、窩闊台都是極有謀略的軍事家，不論是為了復仇還是為了擴張，火力都直指金朝。而金朝先是任由盟友西夏被蒙古所滅，在危急時刻還企圖入侵南宋。結果就跟當年宋金滅遼一樣，金朝也在宋蒙的包圍下走向了滅亡。

鐵木真——瓜子（飾）

窩闊台——油條（飾）

參考來源：《元史》、《金史》、《新元史》、《宋史紀事本末》、韓儒林《元朝史》、白壽彝《中國通史》、邱樹森《元朝史話》、吳泰《宋朝史話》、虞云國《細說宋朝》、朱紹侯《中國古代史》、何忠禮《南宋全史》、周良霄和顧菊英《元史》、陳世松等《宋元戰爭史》、[伊朗]志費尼《世界征服者史》、李新靜《中國帝王列傳》、[德]傅海波和[英]崔瑞德《劍橋中國遼西夏金元史》、軍事科學院《中國軍事通史》、內蒙古社科院歷史所《蒙古族通史》、人民教育出版社《義務教育教科書教師教學用書 · 中國歷史七年級下冊》

【長子西征】

窩闊台滅金後，
就下令讓各個貴族的大兒子帶兵西征，
史稱「長子西征」。
蒙軍一直打到了今天歐洲匈牙利一帶。

【南下失敗】

金朝在被蒙古暴揍時，
曾發兵南下搶南宋的地盤，
結果不僅打輸了，
還促使南宋跟蒙古結盟。

【都給我賞】

窩闊台很大方，
有一次他看到國庫裡有很多錢，
覺得還要派人守著實在太麻煩了，
索性將錢都分給了百姓。

百群喵檔案

油條小劇場

《一口氣》

《塗藥》

油條

射手座

生日：12 月 5 日

身高：185 公分

喜歡的樂器：爵士鼓

討厭的食物：牛奶

（油條擬人介紹）

油條的廚房

Youtiao's kitchen

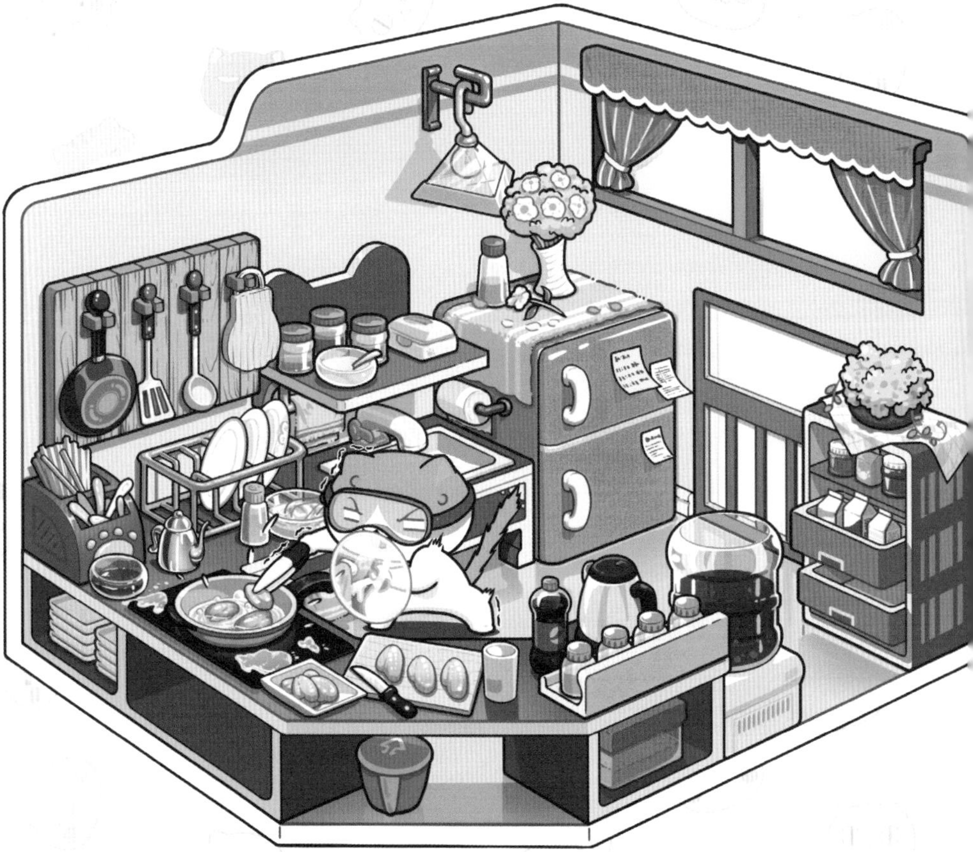

第一百三十五回◉端平入洛

經過**乾淳之治**後，
南宋經濟發展達到了**頂峰**。

呂思勉《白話本國史》：
「宋孝宗趙昚（1127—1194），初名伯琮……治國有方，使南宋出現了「乾淳之治」的小康局面。」
陳國燦、方如金《宋孝宗》：
「縱觀孝宗27年的統治，國內秩序較為穩定，政治較為清明，社會經濟呈現較快的恢復和發展勢頭，由此開創了南宋歷史上的所謂鼎盛期。」

但可惜的是……
這之後的南宋**皇帝**卻都**不太行**。

《宋論．卷十三》：
「宋則南渡以後，孝宗欲有為而不克，嗣是日羸日茶……」

病懨(ㄧㄢ)懨的**病懨懨**，

《宋史．卷三十六》：
「光宗循道憲仁明功茂德溫文順武聖哲慈孝皇帝，諱惇，孝宗第三子也。」「光宗幼有令聞，向用儒雅……及夫宮闈妒悍，內不能制，驚憂致疾。」

傻乎乎的**傻乎乎**，

《宋史．卷三十七》：

「寧宗法天備道純德茂功仁文哲武聖睿恭孝皇帝，諱擴，光宗第二子也……」

《宋人軼事彙編．卷三》：

「寧宗不慧而訥於言，每北使入見，陰以宦官代答。」

反正**沒一個**像樣的。

虞云國《宋光宗 宋寧宗》：

「南宋歷史是以孝宗禪位為分界線走向下坡路的，光寧父子正處在『欲有為』到『抵於亡』的歷史轉折期上。父子兩人，父親是精神病患者……兒子則是一個智慧庸弱者……」

於是朝政幾乎被**外戚**和**權臣**給控制了，

《宋史．卷四七四》：

「韓侂胄字節夫，魏忠獻王琦曾孫也。父誠，娶高宗憲聖慈烈皇后女弟……」

陳振《宋史》：

「（1206年）韓侂胄主持北伐攻金，敗多勝少，吳曦叛變，和議又起。史彌遠矯詔殺韓侂胄後向金乞和，又訂『嘉定和議』，南宋陷於史彌遠專政擅權時期。」

他們**貪污受賄**，

《兩朝綱目備要．卷八》：
「自侂胄用事，賄賂盛行，四方饋遺，公至宰執、台諫之門，人亦不以為訝。」

他們**殘害忠良**，

白壽彝《中國通史》：
「史彌遠自開禧三年（1207）殺死主張抗金的權臣韓侂胄……很快升任丞相，但是不得人心，包括文臣武將不少人反對史彌遠……嘉定十四年（1221）任為殿前司同正將的畢岳，以『謀去丞相史彌遠』而被殺。」

更離譜的是，
他們連皇位的**繼承者**都要從中**操控**。

何忠禮《南宋全史》：
「關心寧宗皇位繼承者的人不僅有寧宗，更有權相史彌遠。他知道今後如果新皇帝繼位，自己就很難再獨攬朝政……於是，史彌遠便在『皇儲國統』上『乘機伺間』……」

最終，一個喵幸運地被推上了**皇帝位**，

胡昭曦、蔡東洲《宋理宗 宋度宗》：「因為朝廷內政治權力與皇位之爭的需要，使他得以被收養入宮，進而成為嗣君，由平民走上皇帝的顯赫地位。」

他就是**趙昀(ㄩㄣˊ)喵**。

《宋史．卷四十一》：「理宗建道備德大功復興烈文仁武聖明安孝皇帝，諱昀……」

趙昀喵也是**皇族**的一員，

《宋史．卷四十一》：「……太祖十世孫。父希瓐，追封榮王，家於紹興府山陰縣……」

呃……
只不過是已經很遠**很遠**的關係了。

胡昭曦、蔡東洲《宋理宗 宋度宗》：
「趙昀是宋太祖趙匡胤的十世孫，為燕王趙德昭（宋太祖次子）的嫡系。然而，宗室繁衍支蔓，經過兩百多年，發展到南宋晚期，趙昀已是宗室遠族了。」

到他這一代，
已經跟**平民**差不多。

何忠禮《南宋全史》：
「理宗（趙昀）從小生活在民間，耳聞目睹百姓的種種疾苦。」

呃……不過……
上天卻給了他一次**機會**。

胡昭曦、蔡東洲《宋理宗 宋度宗》：
「烏孫（趙昀）雖出身低微，自幼貧困，但機遇極佳。」

因為長得**帥氣**，
趙昀喵竟被**權臣**看上，

虞云國《細說宋朝》：
「嘉定十三年（1220年），皇太子趙曮去世……寧宗選十五歲以上的太祖十世孫入宮……（史彌遠）物色了另一位太祖十世孫趙與莒（趙昀）。」
胡昭曦、蔡東洲《宋理宗 宋度宗》：
「烏孫（趙昀）本來身材高大，相貌堂堂……史彌遠認定烏孫兄弟倆都是帝王之料，而烏孫更是極貴之人。」

然後就做了**皇帝**。

《宋史．卷四十一》：
「（1224年）閏月丙申，寧宗疾甚，丁酉，崩於福寧殿。彌遠使楊谷、楊石入白楊皇后……命子昀（趙昀）嗣皇帝位。」
陳振《宋史》：
「宋寧宗中期後，史彌遠擅權。寧宗死，史彌遠策劃宮廷政變，廢原嗣君，扶立理宗（趙昀）……」

這運氣也……**太好**了吧！

不過雖然做了皇帝，
趙昀喵卻只是個「**吉祥物**」。

何忠禮《南宋全史》：
「自理宗即位起到紹定六年(1233)史彌遠去世前的十年間，是史彌遠擅權的時期。此時的理宗基本上處於默默無為的狀態……」

一直到權臣**死**了，
他才說得上話。

《錢塘遺事．卷五》：
「理宗(趙昀)興於側微，崇儒納諫。寶紹間，以史彌遠有擁立功，於萬機謙遜無所預，彌遠卒，始親政。」

作為一個從**民間**走上來的皇帝，
趙昀喵還是想幹點**成績**來樹立自己**威望**的。

胡昭曦、蔡東洲《宋理宗 宋度宗》：
「宋理宗出生在宋朝統治走向全面危機的南宋晚期，愈益嚴重的內憂外患伴隨著他的成長……一旦當了皇帝，就有一股要求變革時政的強烈願望，希望自己成為『中興聖主』。」

但要**幹點啥**呢？

恰好這個時候，

南宋的**外部局勢**發生了變化，

虞云國《細說宋朝》：

「蒙古的崛起與南侵，就像一張多米諾骨牌，牽一髮而動全身，導致了中原的大變局。」

這就是**蒙金戰爭**。

虞云國《細說宋朝》：

「金宣宗即位次年，即貞祐二年（1214年）春天，除中都等十餘城未下，蒙古軍幾乎踏遍了黃河以北的金朝領土。」

蒙古那邊為了擴張便使勁**揍金國**，

邱樹森《元朝史話》：「蒙古國的南方……是女真族建立的金朝。當成吉思汗統一了蒙古各部後，就不斷派兵南下。他的主要目的……是滅亡夏、金，達到為其祖先復仇和擴大統治區的目的。」

但畢竟金國也是個**大國**，

軍事科學院《中國軍事通史》：「論版圖金最為強大，北達今外興安嶺，南抵淮河，東臨於海，西至陝西，人口4470餘萬，有充足的兵源。」

蒙古還是有點**吃不消**的……

邱樹森《元朝史話》：「1232年二月，蒙古軍包圍汴京。猛攻了3個月還是攻不下來……守城的金兵卻用震天雷、飛火槍殺傷蒙古軍隊，蒙古軍十分害怕。」「蒙古軍隊雖然取得了不少勝利，但傷亡很大，糧餉十分緊張，一時還滅不了金朝。」

於是蒙古便聯繫**南宋**，

合計**一起**揍金國。

《新元史．卷四》：

「是年（1232年），立彰德路總元帥府，改懷州為行懷、孟州事。（蒙古）遣王檝使於宋，議夾攻金人。」

這一想到金國曾經給的**屈辱**，

南宋**答應**了。

吳泰《宋朝史話》：

「（1232年）蒙軍在包圍汴京後，即派使臣來同南宋商議夾攻金朝的事宜。這時南宋以宋理宗（趙昀）為首……大多數大臣都認為這是復仇的大好時機……遂答應出兵配合蒙古軍作戰，共同滅金……」

並**約定**事成之後，
把以前被金國占領的**土地還給**南宋。

蔡美彪《中國通史》：
「一一四〇年五月，金熙宗採納宗幹、宗弼等建議，下詔元帥府伐宋……河南、陝西地，又全被金朝所占有。」
《宋史紀事本末．卷九十一》：
「理宗紹定五年（1232年）十二月，蒙古遣王檝來京湖，議夾攻金……蒙古許俟成功，以河南地來歸。」

這聽來……似乎**挺好**的，

可結果呢，
金國確實是被**聯手幹掉**了，

《宋史紀事本末．卷九十一》：
「端平元年（1234年）春正月戊申，孟珙同蒙古兵圍蔡州……珙乃與塔察兒分金主骨及寶玉、法物。是日，承麟亦為亂兵所殺。金亡。」

但蒙古卻並**沒有兌現**全部承諾，

邱樹森《元朝史話》：「蒙宋聯合滅金後，蒙古卻沒有實現將河南地歸宋的諾言……」

只將**部分**領土給了南宋。

白壽彝《中國通史》：「蒙古和南宋合力滅金後，窩闊台汗違背將河南歸宋的諾言，只以陳、蔡東南一隅歸宋……」

這南宋也**沒辦法**講什麼……

陳振《宋史》：「宋、蒙聯軍滅金以後，蒙古毀約未將河南劃給南宋，只將陳（今河南淮陽）、蔡東南一隅歸宋，南宋被迫接受既成事實，並沒有據理力爭。」

畢竟當時只是**口頭說說**，

並沒有簽合約。

啊哈哈哈！
我當時也就開個玩笑啦！
蒙

何忠禮《南宋全史》：

「在早先宋、蒙聯合滅金的談判中，兩國對金朝滅亡以後如何處置河南這塊土地的問題……南宋方面曾經向蒙古提出過俟滅金後『仍許以河南歸本國』的要求，並得到了蒙古方面的口頭應允。」

可正當蒙古主力**撤回**北方時，

全軍整備！
回去過冬！
哦！
哦！

韓儒林《元朝史》：

「宋理宗端平元年（一二三四）初，金國已滅，蒙古主力部隊北還，河南處於空虛狀態中。」

趙昀喵卻有了**小心思**，

是機會！

陳世松、匡裕徹、朱清澤、李鵬貴《宋元戰爭史》：

「以三京為中心的河南大地，乃大宋王朝的開國奠基之處，又是『宋朝陵寢所在』，喪失百年有餘而未『恢復』，這對急功近利的宋理宗（趙昀）來說，實為一大心病。」

這就是**收復中原**。

收復
中原

胡昭曦、蔡東洲《宋理宗 宋度宗》：
「破蔡滅金以及隨之而來的慶祝活動給素有中興宏志的理宗（趙昀）以巨大鼓舞，因此乘河南空虛之機收復『三京』之念油然而生……『屢有中原好機會之嘆』。」

即便當時有些**大臣**提出**反對**的意見，

皇上！我感覺這事不太合適啊！
畢竟……

《宋史紀事本末．卷九十二》：
「理宗端平元年（1234年）……趙范、趙葵欲乘時撫定中原，建守河、據關、收復三京之議，朝臣多以為未可……史嵩之亦言荊襄方爾飢饉，未可興師。杜杲復陳守境之利，出師之害。」

但趙昀喵此刻已經**聽不進去**了……

完蛋
啊？

胡昭曦、蔡東洲《宋理宗 宋度宗》：
「理宗正沉浸於滅金復仇的喜悅之中，頗有恢復中原之宏志，圖建蓋世功業……缺少冷靜的思考，不僅聽不進反對意見，而且開始處置出兵河南的激烈反對者。」

於是他**飄了***。

* 飄了：意為得意，飄飄然。

何忠禮《南宋全史》：

「理宗親政不久，頗想有所作為，對收復中原，以完成祖宗未竟之業，懷有一種僥倖心理，對蒙古威脅的嚴重性更是認識不足……站在右相鄭清之和邊帥趙范、趙葵等主戰派一邊。」

南宋端平元年，

宋軍正式出兵**占領洛陽**，

《宋史紀事本末．卷九十二》：

「理宗端平元年（1234年）六月，（趙昀）詔出師收復三京。」

邱樹森《元朝史話》：

「（1234年）金朝滅後，蒙古主力軍北還，河南處於空虛狀態下，南宋乘機出兵，企圖收復洛陽（西京）、汴京（東京）、歸德（南京）三京和河南其他地方。」

史稱**端平入洛**。

軍事科學院《中國軍事通史》：

「端平元年（窩闊台汗六年，1234年）六月，宋理宗（趙昀）下詔收復原宋東京開封、南京歸德、西京洛陽……七月間，宋軍進入開封、洛陽……史稱此役為『端平入洛』。」

看著失陷一百多年的北宋**故土**

終於**拿了回來**，

趙昀喵那個**開心**啊！

何忠禮《南宋全史》：

「（1234年）徐敏子先派宋軍二百人乘夜色偷襲洛陽……大軍入洛陽城，趙葵迅速將收復三京的捷報傳到臨安。」

「理宗還沉浸在收復三京的喜悅之中。八月初九日，他著手對這些地區的統治進行人事安排：授趙范為京河關陝宣撫使、知開封府、東京留守……」

但……真有這麼**好嗎？**

事實上，土地雖然拿了回來，

但……早已成了**廢墟**，

軍事科學院《中國軍事通史》：

「（1234年）南宋以趙范、趙葵、全子才等率軍北出，收復三京（東京開封、西京洛陽、南京歸德）。」

《齊東野語．卷五》：

「（1234年）子才合淮西之兵萬餘人赴汴……城中空無所有，僅存傷殘之民數十而已。沿途茂草長林，白骨相望，虻蠅撲面，杳無人蹤。」

甚至一點糧食都**找不到**。

空空！
如也！

吳泰《宋朝史話》：
「由於南宋所謂『端平入洛』完全是一種軍事投機，事先並無認真準備，軍隊出發後糧餉不繼，當宋兵進入洛陽時，糧草已經空竭，只好採摘野菜和麵作餅而食。」

南宋大軍長途**跋涉**，
現在連吃的都**補給不上**。

好一餓

《續資治通鑑．卷一六七》：
「（1234年）全子才次於汴，趙葵自滁州以淮西兵五萬取泗州……命淮西制置司機宜文字徐敏子為監軍，先令西上……」「徐敏子入洛之明日，軍食已竭，乃采蒿和麵作餅而食之。」

更**可怕**的是，
蒙古軍竟然又**殺了回來**。

哈哈！以為我們
真的走了嗎？
蒙

邱樹森《元朝史話》：
「（1234年）七月，宋兵入洛陽，洛陽近乎一座空城，宋兵軍餉無著，蒙古聞訊後派軍南下，包圍洛陽……」

那可是**蒙古鐵騎**啊！

軍事科學院《中國軍事通史》：
「頻繁的戰爭，提高了蒙古軍的軍事素養……戰爭中，善於發揮騎兵的長處，靈活運用遠端奔襲、速戰速決、長圍久困等戰法。」

飢餓的南宋軍根本**擋不住**，

軍事科學院《中國軍事通史》：
「（1234年）七月，宋軍分前、後兩路西進，前軍未經戰鬥進入洛陽……八月初，蒙古軍攻圍洛陽，宋軍糧盡，援兵不至，只得突圍南奔，蒙古軍隨後尾擊，宋軍『死傷者十八九』。」

結果**全軍潰敗**。

《宋史．卷四一七》：
「端平元年（1234年），朝議收復三京，葵上疏請出戰……時盛暑行師，汴堤破決，水潦泛溢，糧運不繼，所復州郡，皆空城，無兵食可因。未幾，北（蒙古）兵南下，渡河，發水閘，兵多溺死，遂潰而歸。」

經此一役，南宋**元氣大傷**，

傅樂成《中國通史》：

「端平元年（1234），宋與蒙古聯合滅金……宋宰相鄭清之（其時史彌遠已死），將領趙葵、趙范等，想乘機恢復中原，遂遣師取汴京、洛陽等地。」

《宋史．卷四〇七》：

「（1234年）清之妄邀邊功，用師河、洛，兵民死者十數萬，資糧器甲悉委於敵，邊境騷然，中外大困。」

虞云國《細說宋朝》：

「端平入洛的直接後果有三：其一，南宋國防力量大為削弱，軍民死者十餘萬，糧食損失百萬計，器甲輜重盡棄敵境；其二，南宋從此對蒙古徹底放棄主動出擊的戰略，轉為閉關守禦的消極政策……」

再也**無軍力**對外發動戰爭。

而更**嚴重**的是，

蒙古獲得了大舉**進攻**南宋的**藉口**。

吳泰《宋朝史話》：

「『端平入洛』給蒙古貴族提供了一個向南宋開戰的口實。這一年十二月，蒙古派人到南宋，指責南宋破壞雙方的盟約，實際上是對南宋宣戰。」

戰爭的烏雲再次**籠罩**南宋，

何忠禮《南宋全史》：
「『端平入洛』之師的失敗，後果十分嚴重……它激化了與蒙古的矛盾，為蒙古大舉進攻南宋提供了口實，給南宋提早帶來了邊患。」

那麼，南宋的未來又將**何去何從**呢？

（且聽下回分解。）

編者按

宋理宗趙昀出身民間，目睹過南宋底層的生活，他在登上帝位後想要有一番作為是不難理解的。可惜，他兒時缺乏良好的教育，即位後還當了十年傀儡，從學識到經驗都難以撐起他的志向。

實際上，南宋聯蒙滅金，既能報世仇，又名義上是蒙古的「盟友」，在一定程度上能推遲蒙古攻宋。但趙昀卻沒有意識到這一點。入洛的失敗導致南宋損失慘重，宋蒙之戰提前爆發。而南宋也在主和派勢力抬頭的情況下，再次陷入了主和派和主戰派的互相攻擊，讓朝政混亂不堪。雖然趙昀一度採取了強化防禦、整頓財政等補救措施，但他晚年又變得貪圖享樂。隨著朝政先後落入丁大全、賈似道等奸臣之手，南宋的前途就更渺茫了。

趙昀——年糕（飾）

參考來源：《宋史》、《宋論》、《新元史》、《兩朝綱目備要》、《錢塘遺事》、《宋史紀事本末》、《齊東野語》、《續資治通鑑》、《宋人軼事彙編》、呂思勉《白話本國史》、陳國燦和方如金《宋孝宗》、虞云國《宋光宗 宋甯宗》及《細說宋朝》、胡昭曦和蔡東洲《宋理宗 宋度宗》、陳振《宋史》、吳泰《宋朝史話》、邱樹森《元朝史話》、白壽彝《中國通史》、何忠禮《南宋全史》、蔡美彪《中國通史》、傅樂成《中國通史》、韓儒林《元朝史》、軍事科學院《中國軍事通史》、陳世松等《宋元戰爭史》

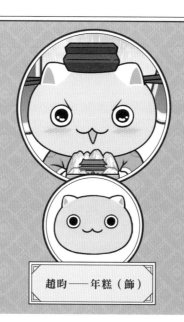

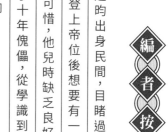

附錄

【龍的傳人】

趙昀出生前一晚，
家裡發出了紅光，
亮得像白天一樣。
甚至有人看到
他小時候身上長出了龍鱗。

【緊急補課】

趙昀原本是個平民，
沒什麼文化，
不符合帝王的身分。
因此他被選中以後，
馬上被安排了輔導老師瘋狂補課。

【半途而廢】

北上失敗讓趙昀很後悔，
為了挽回，他進行了多項改革。
可惜晚年他還是沒忍住誘惑，
沉迷享樂，南宋也沒救了。

百群喵檔案

年糕小劇場

《認錯 1》

年糕，我好像惹豆花生氣了……
那有啥難的，知道錯就認錯呀！
不要計較太多，好好說出來！
而且態度要坦誠！
嗯！聽我的準沒錯的。
沒錯，豆花是我從小的好朋友，我要去挽回她！
什麼……
全是我的錯行了吧，你全對！你一點錯都沒有！
蠢貨啊！

《認錯 2》

看來……這種方式不適合你……
啊哈哈哈……
啊，對了！
我知道該怎麼做了！
豆花，都是我的錯！這個送給你！
一塊破石頭算啥禮物啊！
啊?!
好吧，原諒你了！
哈哈，謝謝你！

年糕

處女座

生日：9月8日

身高：181公分

喜歡的樂器：薩克斯風

討厭的食物：榴槤

（年糕擬人介紹）

年糕的廚房

Niangao's kitchen

第一百三十六回◉元朝建立

蒙古帝國的建立，
簡直是周邊各國的**惡夢**。

朱耀廷《成吉思汗傳》：
「1206年的忽里台不僅確定了『成吉思汗』的至高無上地位……斡難河源頭的天可汗率領他的子弟們進行了一場又一場驚心動魄的鬥爭，一個以征服戰爭為特點的年代很快就降臨到歐亞大陸了。」

平西夏，**滅**金朝，**攻**南宋，

蔡美彪《中國通史》：
「蒙古國家建立後，在西部鄰接著西遼和西夏……成吉思汗在鞏固了他的統治後，隨即對金朝展開了大規模的侵掠……在他的暮年，又消滅了西夏。」「一二三四年，蒙古最後滅亡金朝……同時決議繼續對外擴張。南伐的大軍去侵掠南宋……」

疆域面積也不斷**擴大**。

周良霄、顧菊英《元史》：「經過從成吉思汗到蒙哥近半個世紀（1211—1259年）的對外征服和擴張，形成了一個亙古未有、橫跨歐亞兩洲的龐大汗國。」

然而，**龐大**的蒙古國

卻依然實行著**分封**的原始形態。

蔡美彪《中國通史》：「成吉思汗在世時曾把蒙古的占領地區，分封給諸子，作為世襲的封地。」

從成吉思汗開始，

蒙古**大汗**居漠北草原**本部**，

內蒙古社科院歷史所《蒙古族通史》：「1206年成吉思汗統一蒙古各部後……成吉思汗與其幼子拖雷將統轄的九十五個千戶組成『中央兀魯思』……」

韓儒林《元朝史》：「從成吉思汗到蒙哥時期，漠北是蒙古國的中心地域。」

皇子們則**分封**到各地成為**宗王**，

朱紹侯《中國古代史》：
「成吉思汗在世時，把占領區分成三個『兀魯思』，分封給他的三個兒子：長子朮赤封於欽察、花剌子模及康里國故地……次子察合台封於西遼及畏兀兒故地……三子窩闊台封於乃蠻故地……」

宗王可**支配**自己的**領地**和**部民**……

軍事科學院《中國軍事通史》：
「蒙古諸王屬下的千戶，是諸王個人的私屬臣民。諸王也得到大汗冊封的牧地，形成自己的封國。朮赤、察合台、窩闊台的封地在阿勒台山以西……」

這樣的制度自然就導致**分裂**的出現。

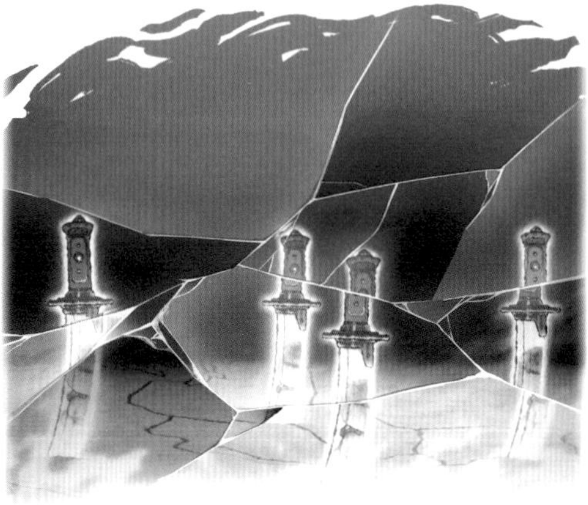

韓儒林《元朝史》：「成吉思汗把廣闊的領土分封給子弟，於是在大蒙古兀魯思之下形成了若干小兀魯思。」「大蒙古兀魯思內部各個兀魯思形成後，各兀魯思的離心傾向，自成吉思汗晚年開始，愈益明顯地加劇了。」

到**第四代**蒙古大汗時期，
蒙古分裂的局面已經相當明顯，

李治安《忽必烈傳》：「（1251年）憑藉拖雷系強大的軍事實力……蒙哥做了第四任大汗。」張豈之《中國歷史．元明清卷》：「（1251年）蒙哥經過推戴正式即位。窩闊台等兩系諸王不甘心失敗，企圖借朝會之機策劃兵變，被蒙哥鎮壓……成吉思汗子孫的矛盾完全爆發，自相屠戮，家族裂痕已無可彌縫……」

其落後的**奴隸制度**更是**阻礙**了國家的發展。

韓儒林《元朝史》：「蒙古統治者的統治方式始終保存著濃厚的草原奴隸制因素……實行這種舊制，不僅給各族人民帶來沉重的災難，而且也使蒙古政權的統治陷入危機之中。」

所以，蒙古政權必然要從
落後的**游牧政權**往**封建王朝**轉變，

韓儒林《元朝史》：
「蒙古統治者進入中原後，統治的對象主要是漢族農民，原來統治游牧民的漠北制度就不能適應了。漢族地主階級積累了一千多年的統治經驗，形成為一套嚴密的統治制度，歷史上凡入主中原的北方民族，都必須利用他們的經驗……」

而完成這個任務的就是**忽必烈喵**。

韓儒林《元朝史》：
「從成吉思汗時代起，為了適應統治中原人民的需要，就開始參用契丹、女真、漢人官員……到忽必烈時，才比較全面地推行漢法，建立了漢族式的封建王朝。」

忽必烈喵是鐵木真喵**第四子**的**兒子**，

《元史．卷一一五》：
「睿宗景襄皇帝，諱拖雷，太祖（鐵木真）第四子……」
《元史．卷四》：
「世祖聖德神功文武皇帝，諱忽必烈，睿宗皇帝第四子。」

他**大哥**是蒙古的第四任**大汗**。

軍事科學院《中國軍事通史》：

「成吉思汗去世後，相繼嗣位的窩闊台……貴由（1206—1248年，窩闊台子，1246年即位）、蒙哥……繼續進行戰爭……」

《元史．卷一一五》：

「（拖雷）子十一人，長憲宗（蒙哥），次四則世祖（忽必烈）也。」

忽必烈喵非常喜歡**漢文化**，

周良霄、顧菊英《元史》：

「從青年時代起，忽必烈就熱心於學習漢文化，傾心於儒術，『思大有為於天下』。」

所以結交了很多漢族**知識分子**，

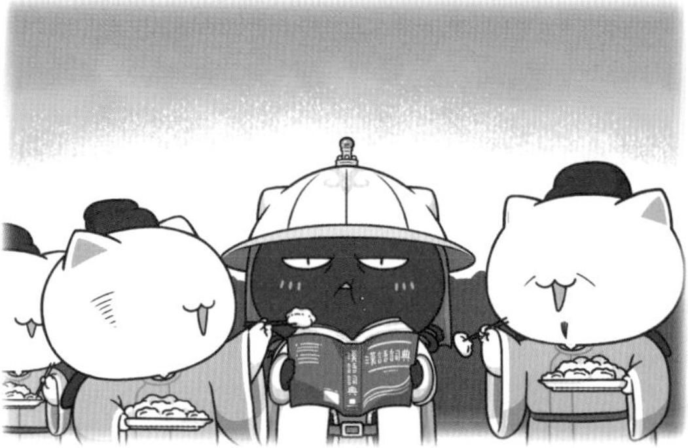

《新元史．卷七》：

「（忽必烈）在潛邸，征名儒竇默、姚樞、許衡等，詢以治道，思大有為於天下。蒙古興垂六十年，至帝始延攬文學之士，待以殊禮焉。」

他們也把很多**封建統治**經驗灌輸給忽必烈喵。

蔡美彪《中國通史》：「忽必烈是拖雷第四個兒子，他很早就結識了一批漢族地主知識份子……他們把歷代封建統治的經驗，灌輸給忽必烈。」

當時蒙古喵們雖然**打仗**很**厲害**，

《黑韃事略》：「其（蒙古）破敵，則登高眺遠，先審地勢，察敵情偽，專務乘亂。故交鋒之始，每以騎隊輕突敵陣，一衝才動，則不論眾寡，長驅直入。敵雖十萬，亦不能支。」

但**治理**卻非常**殘暴**。

張豈之《中國歷史．元明清卷》：「由於歷代蒙古大汗一直以漠北草原作為國家本位……不滿足於按部就班、取民有度的正常剝削方式，而是竭澤而漁，百般敲詐。」

幾乎每打下一個地方，
就把那個地方**搶光**……

韓儒林《元朝史》：「蒙古統治者進入中原的初期，以直接搶掠為主要手段。成吉思汗攻金階段，兵分三路，蹂躪河北、河東與山東的大部份州縣，都是『大掠而還』。」

這導致喵民到處**逃難**，

韓儒林《元朝史》：「蒙古統治者進入中原……長期的戰禍，使人民慘遭殺戮；倖存的百姓，也無法忍受蒙古貴族和蒙漢軍閥、官僚、地主的『非法賦斂』，紛紛逃亡，有的進行武裝反抗……」

田地也**沒**百姓**耕種**，

韓儒林《元朝史》：「……農業生產殘破不堪，水利失修，農田破壞。」

反正到處都一片**蕭條**。

張豈之《中國歷史．元明清卷》：
「蒙古國統治下的中原漢地，長期處於動盪、混亂之中。」

1251年，
忽必烈喵被派往**中原**漢地執行**管理**工作。

《新元史．卷七》：
「（1251年）憲宗（蒙哥）即位，詔漢南、漢地軍國之事，悉聽帝（忽必烈）裁決，開府於金蓮川得專封拜。」

了解中原封建制度的他，
實行了一系列的**改革措施**。

張豈之《中國歷史．元明清卷》：
「蒙哥即位後，忽必烈受命統領漢南漢地軍務……在邢州（今河北邢臺）設安撫司，汴梁（今河南開封）設河南經略司，京兆（今陝西西安）設陝西安撫司，進行推行『漢法』的改革試點……」

例如**團結**漢族和其他各族喵民，

內蒙古社科院歷史所《蒙古族通史》：「1251 年，蒙哥即位後，忽必烈受命主管『漠南漢地軍國庶事』……繼續聚集流落的儒生和地方軍閥的門客……」「畏兀兒人廉希憲，河西人高智耀，都是接受漢文化較深的少數民族人士，也受到忽必烈的重用。」

例如**禁止**殘暴統治，

《元史．卷一五五》：「（1252 年）世祖（忽必烈）時在藩邸，極知漢地不治，河南尤甚，請以天澤為經略使。至則興利除害，政無不舉，誅郡邑長貳之尤貪橫者二人，境內大治。」

另外他還**減免**當地喵民的**賦稅**和鼓勵**耕種**。

內蒙古社科院歷史所《蒙古族通史》：「1253 年，忽必烈又在鳳翔（今陝西鳳翔）屯田……『減關中常賦之半』。」《元史．卷一五八》：「陛下（忽必烈）天資仁聖……如邢州、河南、陝西，皆不治之甚者……選人以居職，頒俸以養廉，去汙濫以清政，勸農桑以富民。」

在他的**治理**下，
殘破的中原大地重新**恢復生機**，

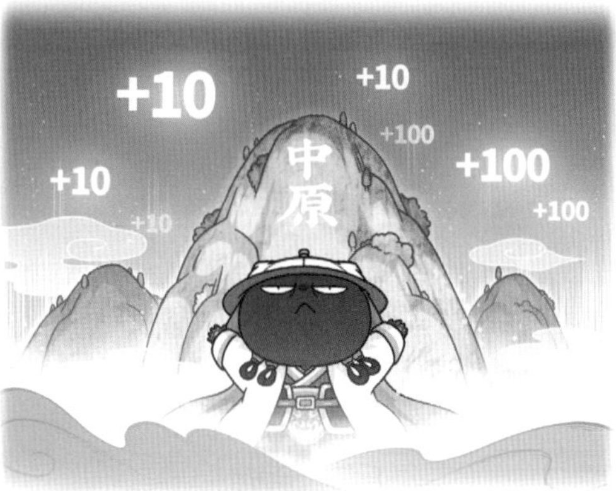

汪啟明《中華簡史》：
「蒙古統治者進入中原後，由於長期的戰禍和瘋狂的掠奪，廣大人民被迫背井離鄉……在忽必烈的一系列政策的推行之下，幾年之後，不但漢南漢地得到了初步治理，使過去那種人民逃亡、農田荒蕪、典章不立的狀況也得到了克服……」

甚至成為了蒙古中央重要的**經濟來源**。

邱樹森《元朝史話》：
「在他（忽必烈）主持漠南漢地後，十分注意招撫流亡的人民，大搞屯田積糧，並採取整頓財政等措施……這一系列措施的實施，使忽必烈完全控制了蒙古國的財政大權。」

可這樣的做法，
卻引起了蒙古**守舊派**的**不滿**，

李治安《忽必烈傳》：
「由於草原中心主義的作祟，蒙古貴族守舊勢力對忽必烈的親和漢法傾向甚是不滿……」

白壽彝《中國通史》：
「阿里不哥……唆魯禾帖尼幼子，元憲宗蒙哥、世祖忽必烈和伊利汗國開國之王旭烈兀的同母弟。」
《元史．卷三》：
「帝（蒙哥）剛明雄毅，沉斷而寡言……自謂遵祖宗之法，不蹈襲他國所為。」
陳致平《中華通史》：
「（阿里不哥）左右自有許多蒙古親王大臣的輔弼，也構成一個蒙古本位的政治集團。」

為首的就是他**大哥喵**和**弟弟喵**。

大哥怕他**搶皇位**，

周良霄《忽必烈》：
「忽必烈依靠漢人儒士整飭河南、陝西吏治的行動，招致了一部分蒙古守舊貴族的忌刻和不滿。有人向蒙哥進讒言說，忽必烈得『中土』（中原）人心，圖謀難測……引起了蒙哥的警覺。」

七弟呢，則是**嫉妒**他太強，

《新元史．卷一一〇》：
「阿里不哥，拖雷第七子，世祖（忽必烈）同母弟也。」
劉韶軍《宋元韜略》：
「阿里不哥與阿勒達爾等人，一向忌恨忽必烈……」

反正就是從心底裡**不認同**中原漢法。

李治安《忽必烈傳》：

「（蒙哥）具有強烈的蒙古中心主義和驕傲感，不願意接受任何來自被征服國家和民族的文化影響。」

邱樹森《元朝史話》：

「阿里不哥長期在蒙古本土，與外界接觸不多，特別對漢地的政治、經濟、文化瞭解甚少。後來，以他為中心，逐漸形成了一個墨守蒙古成規的保守集團……」

《元史．卷三》：

「（1259年）二月丙子，帝（蒙哥）悉率諸兵渡雞爪灘……帝不豫。秋七月辛亥，留精兵三千守之，餘悉攻重慶。癸亥，帝崩於釣魚山，壽五十有二，在位九年。追謚桓肅皇帝，廟號憲宗。」

不過後來……哥哥**病死了**，

這下新的蒙古大汗就有得**爭**了。

張豈之《中國歷史．元明清卷》：

「1259年，蒙哥汗在指揮攻宋作戰中病逝於四川前線。他生前並沒有就汗位繼承人問題進行過安排，汗位繼承危機又一次爆發。汗位爭奪主要在蒙哥的兩位同母弟——忽必烈和阿里不哥之間展開。」

在當時，弟弟喵占據著**漠北中央**地區，

李治安《忽必烈傳》：
「阿里不哥是忽必烈的幼弟，也是唆魯和帖尼所生……蒙哥汗南征前夕，他奉命留守和林，主持大蒙古國庶政，管理漠北千戶軍隊和諸斡耳朵宮帳。」

擁有著蒙古**貴族**們的**支持**，

《新元史．卷一一〇》：
「中統元年（1260年），世祖（忽必烈）即位於開平。阿里不哥亦僭號於和林城西按坦河，太宗後王海都，憲宗後王阿速帶、玉龍答失、昔里吉，察合台後王阿魯忽……拔都母庫托克台可敦皆附之。」

而且還**統領**著國家主力**軍隊**，

李治安《忽必烈傳》：
「軍事上，阿里不哥實際掌握看（著）漠北大部分蒙古諸千戶軍隊……渾都海六盤山四萬騎兵，散處秦、蜀的原隨從蒙哥南征軍隊等，阿里不哥也能夠全部統轄和支配……」

可以說**優勢滿滿**。

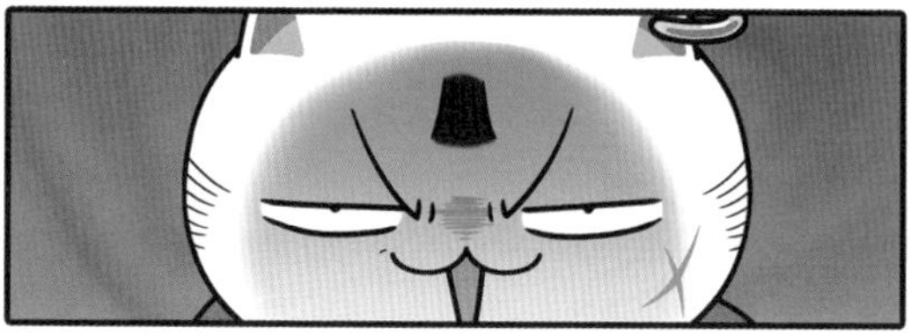

李治安《忽必烈傳》：

「蒙哥汗死後，諸皇子阿速台、玉龍答失、昔里吉等均無角逐汗位的條件，他們都一致擁戴阿里不哥……阿里不哥自然成為當時蒙古草原最有權勢的人物。他在爭奪汗位時也應具有得天獨厚的優勢。」

那麼忽必烈喵**有什麼**呢？

喀喀……有**「鈔能力」**……

李治安《忽必烈傳》：

「自忽必烈總領漠南軍國庶事，較長時間控制了漠南廣闊的農耕區域……掌握了漠南雄厚的財力和物力。」

經過忽必烈喵治理的中原地區，
不僅**錢**多、**糧**多，**喵民**也**多**，

《元史．卷一五八》：
「（1251年）憲宗（蒙哥）即位，詔凡軍民在赤老溫山南者，聽世祖（忽必烈）總之。世祖既奉詔，宴群下……曰：『今天下土地之廣，人民之殷，財賦之阜，有加漢地者乎？軍民吾盡有之……』」

連蒙古中央的**糧食**都得由中原**提供**，

韓儒林《元朝史》：
「忽必烈則利用中原地區的強大物質基礎，兵強馬壯，糧草充足，占了優勢。」
白壽彝《中國通史》：
「蒙古建國後，和林以及漠北各地所需糧食、飲料自漢地以車載轉運供應已數十年。」

簡直掌握著蒙古的**經濟動脈**。

韓儒林《元朝史》：
「忽必烈主管漠南漢地後，用了將近十年的時間，使中原一部分地區得到了初步的治理……控制了蒙古政權的財政經濟，為他以後奪取政權奠定了經濟基礎。」

於是乎，

忽必烈喵便一邊用錢**拉攏**貴族們，

啊哈哈哈，你不要這樣！我不會屈服的！
SUPER

《元史．卷四》：

「（1260年）十二月丙申，以禮部郎中孟甲、禮部員外郎李文俊使安南……賜親王穆哥銀二千五百兩；諸王按只帶、忽剌忽兒、合丹、忽剌出、勝納合兒銀各五千兩，文綺帛各三百匹，金素半之……」

一邊**切斷**了給中央的糧食**供應**。

啊！
中原特供

李治安《忽必烈傳》：

「自窩闊台建都和林以來，該城糧食通常是用大車從漢地運來的。忽必烈下令封鎖糧食運輸，和林城便發生大飢荒，物價騰漲。」

而**弟弟喵**這邊呢，

嗯？

本身作戰**經驗**就**不足**，

李治安《忽必烈傳》：
「在個人軍事才能方面，忽必烈比起阿里不哥是要成熟、幹練、高明的多……阿里不哥多數時間居處漠北，未見參加什麼大的用兵征戰。」

對自己的軍民還非常**粗暴**。

白壽彝《中國通史》：
「1262 年冬，阿里不哥在擊敗阿魯忽後駐營於阿力麻里。他肆行殺掠，伊黎河流域為之殘破不堪。1264 年春，阿力麻里大飢，軍心愈亦渙散。」

如此一來，
敗局幾乎是**必然**的。

白壽彝《中國通史》：
「至元元年（1264）春，阿力麻里大飢。阿里不哥毫不顧惜人民……勢力大衰，眾叛親離，無計可施，率殘存士卒留駐阿力麻里，缺糧少食，窘迫萬狀。」

1264年，

弟弟喵被迫**投降**，

《新元史．卷一一〇》：
「阿里不哥失援，勢益蹙。至元元年（1264年）正月，遣使乞降。帝（忽必烈）預敕近邊，和糴以餉其眾。秋七月庚子，阿里不哥與玉龍答失、阿速帶、昔里吉至京師。入謁。」

忽必烈喵正式成為新的蒙古**統治者**。

朱紹侯《中國古代史》：
「1264年七月，阿里不哥與諸王蒙哥汗的兒子阿速帶、玉龍答失、昔里吉等向忽必烈投降。至此，忽必烈與阿里不哥的汗位之爭，以忽必烈的最後勝利宣告結束。」

然而……

雖然忽必烈喵確立了自己蒙古**大汗**的位置，

軍事科學院《中國軍事通史》：
「至元元年（1264年）正月，阿里不哥在漠北無法立足，不得不率殘餘部眾向忽必烈投降。經過4年的鬥爭，漠北與中原地區又歸於一統，忽必烈成為蒙古各部承認的大汗。」

但各宗王藩國**獨立**的局面卻已經基本**確立**。

蔡美彪《中國通史》：
「成吉思汗生前曾把蒙古的廣闊領域，分封給朮赤、窩闊台、察合台，而由拖雷直接繼承漠北的蒙古地區。隨著汗位繼承的變動和領域的擴展，到忽必烈建國時，西北實際形成為三個兀魯思，並且越來越走上獨立發展的道路。」

而忽必烈喵的勝利來源於中原**漢地**的**支持**，

蔡美彪《中國通史》：
「忽必烈戰勝阿里不哥，確立了他在蒙古貴族中的統治地位。但是，這時西北諸兀魯思實際上各自分立……和林也不再是政治的中心。忽必烈以漢地為根基，依靠漢人地主的支持奪得汗位……」

因此他決定以**中原**為**中心**進行統治。

內蒙古社科院歷史所《蒙古族通史》：
「與其諸位前任相比，忽必烈受到過更多的漢文化薰陶，並且是以漢地的經濟、軍事力量為後盾爭奪汗位，因此即位後將統治重心放在了漢地。」

西元1271年，
忽必烈喵建號**「大元」**。

《元史．卷七》：
「（至元）八年（1271年）春正月乙丑朔，高麗國王王禃遣其秘書監朴恒、郎將崔有淹來賀……（忽必烈）建國號曰大元，詔曰：『……我太祖聖武皇帝（鐵木真），握乾符而起朔土，以神武而膺帝圖……可建國號曰大元，蓋取《易經》「乾元」之義。』」

從此大蒙古國**分裂**為元皇朝
和欽察、伊利、察合台、窩闊台
四大汗國**並存**的狀態。

張豈之《中國歷史．元明清卷》：
「過去那個統一的蒙古國已經不復存在了。代之出現的，除了忽必烈以漢地為中心建立的元王朝外，就是各自獨立發展的欽察、伊利、察合台、窩闊台四大汗國。」

而蒙古國在走向**分裂**的**同時**，

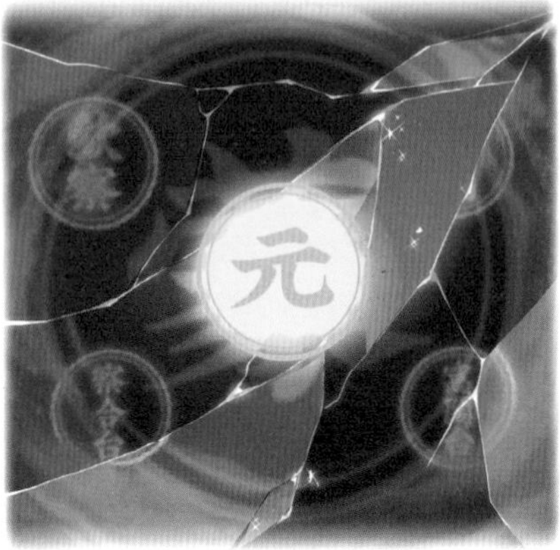

華夏大地也即將迎來新的**大一統**。

張岦之《中國歷史．元明清卷》：
「在蒙古國走向分裂的同時，中國的大一統得到重建。忽必烈在北方政局基本穩定後，很快發動了……統一全中國的戰爭。」

那麼浩浩蕩蕩的歷史洪流將奔向**何方**呢？

（且聽下回分解。）

編者按

西元1206年，成吉思汗建立了大蒙古國，將其發展為橫跨歐亞的大帝國。然而僅過了五十餘年，這個龐大的帝國就解體了。這場分裂，首先是因為蒙古實行分封制。成吉思汗的皇子都獲封了土地，與其後代在封地上享有很高的自主權，只不過因為成吉思汗具有極高的威望，他在位時尚能控制局面。其次，蒙古有特殊的「幼子守產」繼承制。簡單講就是蒙古大汗讓最小的兒子繼承家產，卻又指定其他人繼承汗位，導致宗室貴族爭權奪利，互相廝殺，加速了分裂。最後，大蒙古國疆域遼闊。忽必烈時期中央位於東亞，宗王卻遠在東歐或中西亞，相隔數千里。在當時落後的交通條件下，控制這偌大的疆土是不現實的，分裂也就是必然的。

忽必烈——烏龍（飾）

參考來源：《元史》、《新元史》、《黑韃事略》、朱耀廷《成吉思汗傳》、周良霄《忽必烈》、周良霄和顧菊英《元史》、韓儒林《元朝史》、邱樹森《元朝史話》、白壽彝《中國通史》、蔡美彪《中國通史》、李治安《忽必烈傳》、朱紹侯《中國古代史》、汪啟明《中華簡史》、劉韶軍《宋元韜略》、張豈之《中國歷史 · 元明清卷》、陳致平《中華通史》、內蒙古社科院歷史所《蒙古族通史》、軍事科學院《中國軍事通史》

【偶像太宗】

忽必烈喜歡聽
中原皇朝歷代皇帝的故事，
其中他最崇拜的就是唐太宗李世民，
他甚至會模仿唐太宗施政。

【理解不易】

雖然忽必烈熱愛漢文化，
但是並不精通漢語，
因此有些漢文經典
得先翻譯成蒙古語他才能聽懂。

【天生臉黑】

據說忽必烈剛出生時就黑黝黝的，
而別的小孩子出生時都是紅通通的，
因此他爺爺鐵木真很驚訝。

群喵檔案

烏龍小劇場

《乾淨就是正義》

大家好，我是烏龍，烏雲的烏，暴龍的龍。
我喜歡乾淨的東西，受不了髒亂差的環境。
最擅長就是清潔工作。
塵土！
汗漬！
茶漬！
油污！
醬油漬！
我都能予以消滅！
好了……別說了……
啊！我不是這個意思！
我們錯了，以後會好好洗澡的，別殺我們！
再說下去，這兩個邋遢鬼擔心你要消滅他們了……

《公主》

公
主
如果要創作一個童話公主形象……
應該具備哪些設定呢？
嗯，我覺得溫柔和懂得照顧夥伴是必需的。
溫柔
善良
對，而且善良也很重要，最好還得討小動物喜歡。
溫柔
體貼
善良
友愛
嗯……
嗯……
烏
龍
啊?!
啊?!
不就是……
不就是……

烏龍

巨蟹座

生日：7 月 11 日

身高：180 公分

喜歡的樂器：鋼琴

討厭的食物：韭菜

（烏龍擬人介紹）

烏龍的廚房

Wulong's kitchen

第一百三十七回◉混一天下

因為**端平入洛**的**失敗**，
南宋元氣**大傷**。

朱紹侯《中國古代史》：「端平元年（1234年）六月，南宋政府乘金朝滅亡之機，派軍隊北上……宋軍大敗，只得倉促退兵。這次被稱為『端平入洛』的軍事行動的失敗……極大地削弱了南宋的國防力量。」

雖然後來經過**改革**，
使得國力有所**恢復**和**發展**，

胡昭曦、蔡東洲《宋理宗 宋度宗》：「以1234年（端平元年）到1252年（淳祐十二年）的近20年間，理宗拔賢黜佞，整頓吏治，整頓財政，加強防務。在政治、經濟、軍事、文化等方面進行了一系列的變革，並且取得較為明顯的成效。」

但卻**擋不住**南宋的頹勢……

胡昭曦、蔡東洲《宋理宗 宋度宗》：「理宗端平、淳祐年間的整頓『更化』，缺少發展生產力的措施。此後理宗追求享樂，怠於政事，不思振奮……大小百官，大多務為斂取，更加速了社會經濟的衰敗凋敝。」

這新一任皇帝就是個**弱智**，

一閃一閃亮晶晶……
弱
智

《宋史．卷四十六》：
「（景定）五年（1264年）十月丁卯，理宗崩。受遺詔，太子（宋度宗）即皇帝位。」
《宋人軼事彙編．卷三》：
「紹陵（宋度宗）之在孕也，以母賤，遂服墮胎藥。既而生子，手足皆軟。至七歲始能言……」

弱智就算了，
還**喜歡玩**。

滿天都是小星星……
掛在天空放光明……

《宋人軼事彙編．卷三》：
「度宗既立，耽於酒色。故事，嬪妾進御，晨詣合門謝恩，主者書其月日。及帝之初，一日謝恩者三十餘人。」

搞得大權被**奸臣把持**，

南宋

《宋史．卷四七四》：
「（1264年）理宗崩，度宗又其（賈似道）所立，每朝必答拜，稱之曰『師臣』而不名，朝臣皆稱為『周公』。」
胡昭曦、蔡東洲《宋理宗 宋度宗》：
「度宗在位10年，由於拱手讓權給賈似道，作為專制君主的至上權、專斷權基本上喪失了，賈似道成為南宋政權的實際主宰者。」

全國上下變得極其**腐敗墮落**。

《宋史．卷四七四》：

「似道雖深居，凡台諫彈劾、諸司薦辟及京尹、畿漕一切事，不關白不敢行……一時正人端士，為似道破壞殆盡。吏爭納賂求美職……一時貪風大肆。」

喵民們那個**苦**啊……

何忠禮《南宋全史》：

「在度宗和賈似道的腐朽統治下，社會危機空前嚴重。在政治上，吏治更加腐敗，官員們變本加厲地進行貪污和搜括……社會矛盾越來越尖銳。在經濟上……物價飛漲，民不聊生。」

而**元朝**這邊呢，

自從忽必烈喵以**中原**為中心後，
便不斷**完善統治**，

邱樹森《元朝史話》：
「元朝建立後，各種制度開始逐步完備。在行政制度方面，忽必烈根據漢族地主知識份子的建議，多半採用金朝的制度；在軍事制度方面，則沿襲蒙古國的舊制加以調整、發展。」

促進**農業**，發展**經濟**。

《元史．卷九十三》：
「世祖（忽必烈）即位之初，首詔天下，國以民為本，民以衣食為本，衣食以農桑為本。於是頒《農桑輯要》之書於民，俾民崇本抑末。」

而這一切都為了**一個**目標，

那就是**滅南宋**。

周良霄《忽必烈》：

「長期以來，蒙古統治者把侵滅南宋懸為他們既定的國策。忽必烈即位以後……恢復並發展了北方的社會生產，蓄積了吞併江南、統一全國的力量。」

當時的南宋北部防線由**三塊**連成，

軍事科學院《中國軍事通史》：

「南宋原來與金朝對峙時，集重兵於淮水、漢水和四川，在長江以北構成一道防線。『端平入洛』戰役之後，宋軍又恢復了原來的態勢，以舊有的防線抵禦蒙古軍南下。」

川蜀地區依靠複雜**地形**，

陳世松、匡裕徹、朱清澤、李鵬貴《宋元戰爭史》：「四川位居長江上游，天然形勝，具有十分重要的戰略地位：陸有劍門之障，水有三峽之險……故在軍事上起著屏障南宋王朝的作用。」

淮河地區有密集的**河流**。

何忠禮《南宋全史》：「兩淮更接近於南宋統治中心，戰略地位最為重要……江河湖泊眾多，南宋沿淮築有不少城堡，後面又有大江阻隔……」

在這些**天險**的幫助下，

元軍始終**無法**向前**突破**。

何忠禮《南宋全史》：「……不利於蒙古騎兵的縱橫馳騁……蒙古軍雖然也不時發動對兩淮的進攻，但戰果卻並不理想……」

軍事科學院《中國軍事通史》：「忽必烈在擊敗阿里不哥、平定李璮反叛之後，立刻把注意力轉向了宋朝。鑑於四川地形複雜，作戰困難較多，難以在短期內實現東出夔門、浮江而下的戰略目標……」

於是忽必烈喵決定**改變**作戰**方針**，

這就是直接從**中段**防線突破！

軍事科學院《中國軍事通史》：「……忽必烈改變了憲宗蒙哥的『圖蜀滅宋』計畫，採取集重兵突破宋軍中段防線的戰略……」

而這個要**突破**的地方，
便是南宋防禦元朝最重要的據點——
襄、樊兩城。

張豈之《中國歷史．元明清卷》：
「襄陽是南宋在長江中游最主要的軍事重鎮……隔漢水與另一重鎮樊城相對，互為犄角之勢。」

襄、樊兩城是南宋**重要**的**大門**，

軍事科學院《中國軍事通史》：
「襄陽和樊城地處漢水中游，兩城隔水相對，為鄂、豫、陝交通要衝，北瞰汴洛，南扼長江中游，系咽喉要地，戰略地位十分重要。」

如果順江東入，就可以**直取南宋**。

白壽彝《中國通史》：
「早在宋咸淳三年（蒙古至元四年，1267）十一月，劉整『奏攻宋方略，宜先從事襄陽』。如攻占襄陽浮漢入江，則宋可滅。」

所以兩城長期都**重兵**把守，

軍事科學院《中國軍事通史》：
「襄陽城曾於端平三年（1236年），一度被蒙古軍占領，後被孟珙收復，以後一直掌握在宋軍手中。襄樊二城又經過近三十年的營建，城防堅固，互為依託，為兵家必爭之地……」

加上南宋有**強大**的**水軍**，

陳世松、匡裕徹、朱清澤、李鵬貴《宋元戰爭史》：
「蒙古軍擅長騎兵野戰，宋軍在水軍和守城方面占有明顯優勢。」

元軍一直**無法**輕易**突破**。

邱樹森《元朝史話》：
「襄陽地處漢水中游南岸，與北岸的樊城相對，是扼守長江的屏障。金亡後，宋蒙多次爭奪襄陽，但自1239年孟珙收復襄陽以來，蒙古軍一直未能攻下。襄樊兩城城防堅固，兵儲足夠支持十年……」

那該**怎麼辦**呢？

忽必烈喵還是先發動**「鈔能力」**，

他通過**賄賂**南宋**官員**，
在襄樊城外**建**了很多**市場**。

胡昭曦、蔡東洲《宋理宗 宋度宗》：「1267年（咸淳三年）宋將劉整叛宋歸蒙，向忽必烈汗獻平取南宋方略……」「劉整深知南宋防禦虛實……請在樊城設立榷場，作為謀取襄陽的基地。蒙古使者至京湖制置司，向呂文德送上玉帶，要求在襄樊城開榷場……開設榷場多處……」

又以保護貨物為由，
在市場裡**建堡壘**。

《宋史紀事本末．卷一〇六》：「整言於蒙古主（忽必烈）曰：『南人惟恃呂文德耳，然可以利誘也。請遣使賂以玉帶，求置榷場於襄陽城外以圖之。』至鄂，請於文德，文德果許之。遂開榷場於樊城。築土牆於鹿門山，外通互市，內築堡壁。」

於是久而久之，
襄樊周圍便佈滿元軍的**「市場」**，

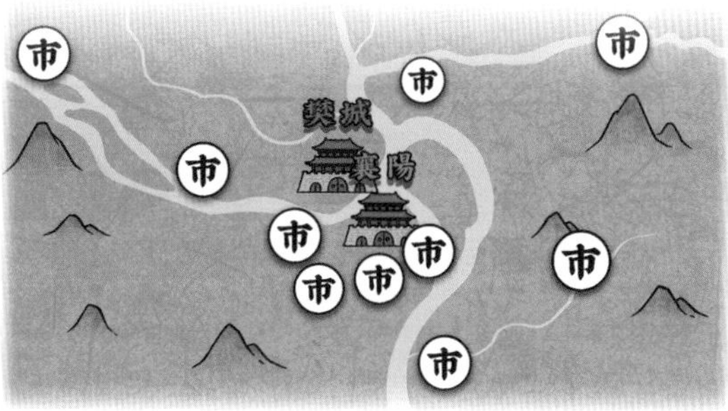

虞云國《細說宋朝》：「咸淳三年（1267年），蒙古用劉整之計……在樊城外設立榷場。蒙古軍進而藉口防止榷場貨物被盜，在沿漢水白河口、新城、鹿門山等地築壘置堡，通過外通互市、內築堡壘的手法，在襄樊城外埋下了釘子……」

接著他還大規模建立**水軍**，

吳泰《宋朝史話》：「從宋度宗咸淳三年（公元一二六七年）起，蒙古一面築城於漢水東面的白河口……一面練習水軍，逐步向襄陽進逼。」

大規模建造**戰船**，

《元史．卷六》：

「（至元）五年（1268年）春正月甲午，太陰犯井。庚子，上都建城隍廟。辛丑，（忽必烈）敕陝西五路四川行省造戰艦五百艘付劉整。」

反正就是**默默**地為攻宋**積攢**著**力量**。

軍事科學院《中國軍事通史》：

「忽必烈經過充分準備，發起了消滅南宋政權、統一全國的戰爭。戰前，針對北方人不熟悉水戰的弱點，忽必烈採納南宋降將劉整的建議，大規模訓練水軍，製造戰船。」

西元**1268**年，

當一切準備**就緒後**，

忽必烈喵正式下令**進攻**。

胡昭曦、蔡東洲《宋理宗 宋度宗》：
「1268年（咸淳四年），忽必烈陸續徵調各地兵馬10萬會攻襄陽，事關南宋存亡的襄樊大戰開始了。」

這時原來的「市場」
瞬間成了**軍事基地**。

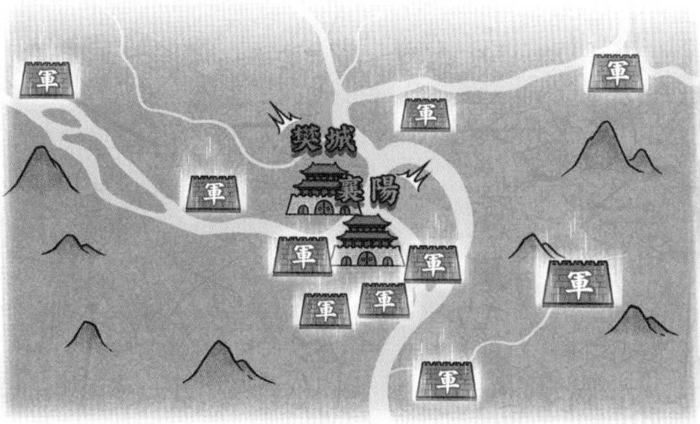

李治安《忽必烈傳》：
「元朝方面抓住宋京湖制置大使呂文德貪圖貨利的弱點，遣使向呂文德賄以玉帶，請求在樊城之外的鹿門山置榷場……很快建起了外為土牆內有堡壘的鹿門堡。」
「元軍所築城堡計有牛首、安陽、古城、紅岩、沙河等十處……切斷了宋軍的東西南北之援，實現了對襄樊的長期圍困。」

水軍們則迅速**占領江面**，

吳泰《宋朝史話》：

「元軍在襄、樊周圍的要害處都設置城寨、漢水又佈滿元兵的戰船和鐵索……」

水陸兩路也都被**切斷**。

白壽彝《中國通史》：

「從至元五年（1268）起，在阿朮要求下，世祖不斷增兵襄陽……阿朮奏請造艦數千艘，練水軍數萬人……甚至『築台漢水中，與夾江堡相應』，有效地切斷了宋軍的水陸援道……」

戰事一打響，

襄、樊兩城就一下變成了**孤城**。

《錢塘遺事．卷六》：

「襄陽被圍，呂文煥遣人告急，朝廷遣高達、范文虎赴援。時北兵（元軍）於要害處連珠紮寨，圍數十里，而道不得通，襄陽之圍不可解矣。」

後來……連彼此間都**無法聯繫**……

《元史．卷一二八》：
「先是，襄、樊兩城，漢水出其間，宋兵植木江中，聯以鐵鎖，中造浮梁，以通援兵，樊恃此為固。至是，阿朮以機鋸斷木，以斧斷鎖，焚其橋，襄兵不能援。」

你可能會問，
如此**緊急**的戰況，
南宋**中央**為啥**沒有反應**呢？

呃……因為皇帝根本**不知道**。

《宋史紀事本末．卷一〇五》：
「時，蒙古攻圍襄、樊甚急，似道日坐葛嶺，起樓閣亭榭……有言邊事者，輒加貶斥。一日，帝問曰：『襄陽已圍三年矣，奈何？』似道曰：『北兵已退。陛下何從得此言？』」

在仗**剛開始**打時，
中央還是發動過**支援**的，

《宋史．卷四十六》：

「（1269年）三月丙午，北（元軍）帥阿朮自白河以兵圍樊城……辛酉，京湖都統張世傑率馬步舟師援襄、樊，戰於赤灘圃。」

但都被**打敗**了。

軍事科學院《中國軍事通史》：

「宋咸淳五年（元至元六年，1269年）三月，宋京湖都統張世傑率軍援襄樊，與蒙古軍戰於赤灘圃，兵敗退走。七月，宋將夏貴率戰船3000進至鹿門山，攻新城堡，被蒙古萬戶解汝楫、李庭率水軍擊敗。」

在那之後，大臣便**壓著**消息，
根本**不讓**皇帝**知道**，

陳振《宋史》：

「咸淳五年（1269年）三月，京湖都統制張世傑率馬步軍及水軍援救襄、樊……十月，又調殿前副都指揮使范文虎，統率殿前司及兩淮諸軍前往襄、樊抗擊蒙軍。但賈似道一直對度宗隱瞞襄陽危急的真相……」

皇帝也**沒搭理**。

胡昭曦、蔡東洲《宋理宗宋度宗》：

「正值壯年的宋度宗，即位以後，不思振奮，熱衷於追求享樂，怠於政事，荒嬉酒色，把軍國大政拱手委付於權相賈似道。」

軍事科學院《中國軍事通史》：

「宋咸淳六年（1270年）六月，范文虎曾利用漢水漲潮，從水路攻鹿門，被蒙古軍擊敗……宋廷沒有再組織增援襄樊，聽任襄樊軍民苦戰。」

你說這樣的政權能不**滅亡**嗎……

胡昭曦、蔡東洲《宋理宗宋度宗》：

「度宗的怠政和賈相的專權，使趙宋政權職能無法正常發揮。在內，忠賢被排斥，上下離心。在外，無法抵擋蒙古的攻擊。」

最終經過了整整**六年**苦守，

襄、樊兩城宣佈**失守**，

蔡美彪《中國通史》：

「一二六八年忽必烈命阿朮與劉整督率諸軍進兵襄陽……一二七三年初，阿朮、劉整軍用回回炮攻破樊城。二月，宋襄陽守將呂文煥出降。」

軍事科學院《中國軍事通史》：

「襄樊之戰，元軍採用圍困與強攻……經6年之久，終於奪取了屏蔽江、漢的戰略要地襄樊。」

南宋**大門**就此被**打開**。

朱紹侯《中國古代史》：
「忽必烈在穩定內部之後，從1267年起又加緊了滅宋步伐。1273年二月，元軍終於攻下了南宋軍民堅守六年的襄陽，打開了南宋的大門。」

元軍順江**長驅直入**，
完全**勢不可擋**。

白壽彝《中國通史》：
「至元十一年（1274）三月，元廷調兵數十萬，以伯顏、史天澤（尋以疾還）、阿朮、呂文煥行省荊湖，由江漢圖宋……」「宋德祐元年（元至元十二年，1275）初，元軍已順流東下，宋沿江城邑紛紛敗降……伯顏命左右翼騎兵夾江而進，炮聲遠震百里，宋軍大敗……」

西元1276年，
元軍**攻入**南宋**都城**，

《宋史．卷四十七》：
「（1276年）二月丁酉朔，日中有黑子相蕩，如鵝卵。辛丑，（宋恭帝）率百官拜表祥曦殿，詔諭郡縣使降。大元使者入臨安府，封府庫，收史館、禮寺圖書及百司符印、告敕，罷官府及侍衛軍。」

白壽彝《中國通史》：
「元軍占領襄陽後，次年（1274）六月決定大舉伐宋……七月，（宋）度宗死，子趙㬎即位，年僅4歲，是為恭帝……」「次年正月初八日（1276年2月4日），伯顏進至皋亭山（今浙江杭州東北）……二月初五，南宋恭帝降。五月初，恭帝及生母全太后等被押至大都……」

南宋**恭帝被俘**。

爾後南宋**流亡朝廷**雖然繼續堅持**抗爭**，

《宋史．卷四十七》：
「（1276年）五月乙未朔，宜中等乃立是於福州，以為宋主……命吳浚、趙溍、傅卓、李珏、翟國秀等分道出兵。」「（1278年）四月戊辰，是殂於硇洲，其臣號之曰端宗。庚午，眾又立衛王昺為主……」

但已經**無力回天**。

翦伯贊《中國史綱要》：

「德祐二年（1276年），蒙古兵攻入臨安，俘恭帝……文天祥、陸秀夫繼立衛王昺為帝……文天祥抗擊蒙古軍於潮陽，戰敗被俘，張世傑的水軍也被蒙古軍打敗。」

西元1279年，

南宋大臣攜皇帝在崖山集體**投海自盡**。

《宋史．卷四十七》：

「（1279年）二月戊寅朔，世傑部將陳寶降……陸秀夫走衛王舟，王舟大，且諸舟環結，度不得出走，乃負昺投海中，後宮及諸臣多從死者，七日，浮屍出於海十餘萬人……宋遂亡。」

至此存國三百餘年的**宋朝煙消雲散**，

吳泰《宋朝史話》：

「宋代的歷史，分為北宋和南宋兩個時期。北宋建都於開封……在南宋滅亡後，一部分南宋官員又擁立帝昰、帝昺兩個小皇帝，繼續用宋朝旗號堅持了三年的抗元鬥爭。因此，宋朝的歷史共達三百二十年。」

取而代之的是實現最終**統一**的**元朝**。

虞云國《細說宋朝》：
「忽必烈建立元朝，取法前代中原王朝的政治體制，揮師南下消滅了南宋……再次完成了全國大統一。」

大一統的實現是**各族**百姓共同的**願望**，

韓儒林《元朝史》：
「蒙古滅金後，經過長達四十年的蒙宋戰爭，終於由忽必烈最後完成了全國的統一。實現全國統一，這是各族人民的共同願望。」

同時也是**歷史前進**的需要。

邱樹森《元朝史話》：
「實現全國統一，這是歷史的進步現象，元朝實現大統一以後的幾百年歷史證明，元代宋是歷史的進步，而不是歷史的倒退。」

元朝的疆域

也為後續**華夏**遼闊的版圖**奠定**了**基礎**。

蔡美彪《中國通史》：

「元朝滅宋後，結束了諸國並立的局面，形成多民族的統一的國家，北極漠北，南到海南，都入於版圖……基本上奠定了中華民族的版圖，意義是重大的。」

那麼，

如此龐大的一個國家將**如何治理**呢？

（且聽下回分解。）

編者按

從蒙宋開戰到元滅南宋，一共經歷了四帝45年，而忽必烈即位建元是重要的轉捩點。他以中原為中心，力求一統天下，並為此做了充足的準備。例如在人員上，他重用南宋降將，其中劉整提出的取襄樊、建水軍、修榷場等建議都被他所採用；在軍備上，他請來西域工匠打造「回回炮」，以此對抗南宋的堅固城防。此外，忽必烈還告誡元軍不得濫殺無辜，在一定程度上減輕了宋人的抵抗心理，促使統一大業的完成。

這次大一統具有重要的歷史意義，除了為華夏經濟的恢復和發展提供良好的局面，它也打破了各民族政權原先的對立狀態。在各地區、各民族交流增加的條件下，推動中國向統一的多民族國家發展。

忽必烈——烏龍（飾）

參考來源：《宋史》、《元史》、《宋人軼事彙編》、《宋史紀事本末》、《錢塘遺事》、何忠禮《南宋全史》、邱樹森《元朝史話》、周良霄《忽必烈》、李治安《忽必烈傳》、韓儒林《元朝史》、白壽彝《中國通史》、蔡美彪《中國通史》、虞云國《細說宋朝》、吳泰《宋朝史話》、朱紹侯《中國古代史》、陳振《宋史》、翦伯贊《中國史綱要》、軍事科學院《中國軍事通史》、胡昭曦和蔡東洲《宋理宗 宋度宗》、張豈之《中國歷史 · 元明清卷》、陳世松等《宋元戰爭史》

附錄

【蟋蟀宰相】

宋末的宰相賈似道獨攬大權，
可他平時的愛好卻是鬥蟋蟀，
甚至寫了本《蟋蟀經》，
被叫作「蟋蟀宰相」。

【攻城利器】

為了攻下襄樊，
忽必烈曾命人製作巨石炮，
拋出的石頭一枚就有一百多公斤，
據說襄陽守將就是被它嚇投降的。

【親自勸降】

忽必烈很愛惜人才，
一些來投降的南宋大臣都會得到重用，
一些不願意屈服的，
他還會親自去招攬。

一群喵檔案

豆花小劇場

《有沒有鬼》

《辦法》

豆花

天秤座

生日：10 月 16 日

身高：165 公分

喜歡的樂器：古箏

討厭的食物：蒜

（豆花擬人介紹）

豆花的廚房

Douhua's kitchen

下回再見！

第一卷
《如果歷史是一群喵1：夏商西周篇》

第二卷
《如果歷史是一群喵2：春秋戰國篇》

第三卷
《如果歷史是一群喵3：秦楚兩漢篇》

第四卷
《如果歷史是一群喵4：東漢末年篇》

第五卷
《如果歷史是一群喵5：亂世三國篇》

第六卷
《如果歷史是一群喵6：魏晉南北篇》

第七卷
《如果歷史是一群喵7：隋唐風雲篇》

第八卷
《如果歷史是一群喵8：盛世大唐篇》

第九卷
《如果歷史是一群喵9：五代十國篇》

第十卷
《如果歷史是一群喵10：宋遼金夏篇》

第十一卷
《如果歷史是一群喵11：南宋金元篇》

WHEN HISTORY MEOWS